APPRENDRE
LE NÉERLANDAIS

OBJECTIF LANGUES

APPRENDRE LE NÉERLANDAIS
Niveau débutants
A2

Ineke Paupert

LA COLLECTION
OBJECTIF LANGUES

À PROPOS DU CADRE EUROPÉEN COMMUN DE RÉFÉRENCE POUR LES LANGUES

À partir de quel moment peut-on considérer que l'on « parle » une langue étrangère ? Et quand peut-on dire qu'on la parle « correctement », couramment ? Voire qu'on la « maîtrise » ? Cette question agite les spécialistes de la linguistique et de l'enseignement depuis toujours. Elle pourrait être de peu d'intérêt si les locuteurs d'aujourd'hui n'avaient pas à justifier leurs compétences dans ce domaine, notamment pour accéder à l'emploi.

C'est en partie pour répondre à cette question que le Cadre européen commun de référence pour les langues (CECRL), appelé plus communément « Cadre européen des langues », a été créé par le Conseil de l'Europe en 2001. Sa vocation première est de proposer un modèle d'évaluation de la maîtrise des langues neutre et adapté à toutes les langues afin de faciliter leur apprentissage sur le territoire européen. À l'origine, il entendait favoriser les échanges et la mobilité, mais aussi mettre un peu d'ordre dans les tests d'évaluation privés qui fleurissaient à la fin du xxe siècle et qui étaient, la plupart du temps, propres à une langue.

Plus de 15 ans après son lancement, son succès est tel qu'il a dépassé les simples limites de l'Europe et qu'il est utilisé dans le monde entier ; pour preuve, son cahier des charges est disponible en 39 langues. Les enseignants, les recruteurs et les entreprises y ont largement recours et les praticiens « trouvent un avantage à travailler avec des mesures et des normes stables et reconnues[1]. »

LES 6 NIVEAUX DU CADRE EUROPÉEN DES LANGUES

Le cadre européen se divise en 3 niveaux généraux et en 6 niveaux communs de compétence :

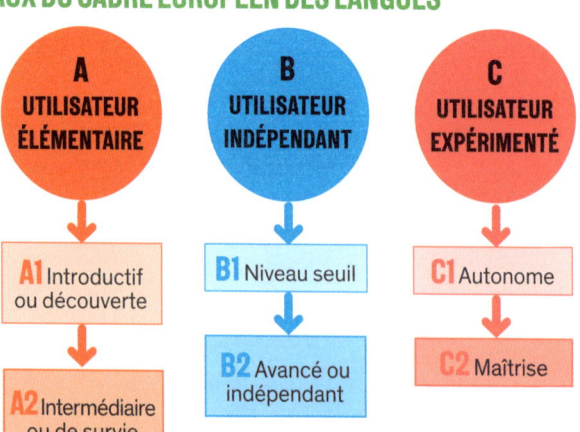

Chacun des niveaux communs de compétence est détaillé selon des activités de communication langagières :

- la production orale (parler) et écrite (écrire) ;
- la réception (compréhension de l'oral et de l'écrit) ;
- l'interaction (orale et écrite) ;
- la médiation (orale et écrite) ;
- la communication non verbale.

Dans le cadre de notre méthode d'apprentissage et de son utilisation, les activités de communication se limitent bien sûr à la réception (principalement) et à la production (un peu). L'interaction, la médiation et la communication non verbale s'exercent sous forme d'échanges en rencontrant des locuteurs et/ou en échangeant avec eux (avec ou sans présence réelle pour dire les choses autrement).

LES COMPÉTENCES DU NIVEAU A2

Avec le niveau A2, je peux :
- **comprendre** des expressions et des messages simples et très fréquents ;
- **lire** des textes courts et trouver une information dans des documents courants ;
- **comprendre** des courriers personnels courts et simples ;
- **communiquer** lors de tâches simples et habituelles ;
- **décrire** en termes simples ma famille, d'autres gens, mes conditions de vie, ma formation et mon activité professionnelle ;
- **écrire** des notes et des messages courts et simples.

La plupart des méthodes d'auto-apprentissage de langues actuelles utilisent la mention d'un des niveaux du cadre de référence (la plupart du temps B2), mais cette catégorisation a souvent été faite *a posteriori* et ne correspond pas forcément à leur cahier des charges.

En suivant les leçons à la lettre, en écoutant les dialogues et en faisant les exercices proposés, vous parviendrez au niveau A2. Mais n'oubliez pas qu'il ne s'agit que d'un début. Le plus important commence ensuite : échanger avec des locuteurs natifs, entretenir sa langue et ne pas la laisser rouiller et, ainsi, améliorer sans cesse la compréhension et l'expression.

1. *Cadre européen commun de référence pour les langues,* Éditions Didier (2005).

APPRENDRE LE NÉERLANDAIS

NOTIONS

- LA PRONONCIATION
- L'ALPHABET
- LES SONS
- LA LETTRE *G* ET L'ENSEMBLE *CH*
- LA LETTRE *H*
- LA LETTRE *J*
- LA LETTRE *N*
- LA LETTRE *S* ET LA TERMINAISON *-ISCH*
- LES LETTRES *V* ET *Z* EN DÉBUT DE MOT
- LES LETTRES *B* ET *D* EN FIN DE MOT
- LA LETTRE *R* EN FIN DE MOT
- LA LETTRE *W* EN FIN DE MOT
- LA COMBINAISON DES LETTRES *-NG*, *-NK*, *-NJ*, *-SJ*
- LA COMBINAISON DES LETTRES *-IG* ET *-LIJK*
- LE *E* ATONE
- LE *E* FINAL
- LE TRÉMA
- LES VOYELLES BRÈVES ET LONGUES
- LA COMBINAISON DES LETTRES *EU* ET *OE*
- LES (SEMI-)DIPHTONGUES : *EI/IJ*, *UI*, *OU/AU*, *OI*, *AAI*, *OOI*, *EEUW*, *IEUW*
- L'ACCENT TONIQUE DES MOTS
- L'ACCENTUATION ET LE RYTHME DE LA PHRASE

■ QUELQUES MOTS AVANT DE COMMENCER

Les enregistrements audio suivent la progression de l'ouvrage. Les pistes lues sont signalées par la petite icône 🔊.

Dans un premier temps, vous retrouverez la lecture de l'alphabet et des sons particuliers du néerlandais. N'hésitez pas à appuyer sur le bouton « pause » afin de bien assimiler chacun de ces sons.

Viennent ensuite les dialogues et exercices enregistrés de chaque leçon suivant la progression de l'ouvrage.

■ LA PRONONCIATION

Prenez l'habitude d'écouter d'abord l'enregistrement audio des dialogues avant d'en entamer la lecture. Cela permettra d'éviter certains pièges de la prononciation de la langue néerlandaise.

En règle générale, toutes les lettres se prononcent en néerlandais, même si certaines s'entendent à peine.

Les particularités du néerlandais qui peuvent poser problème aux apprenants francophones sont présentées dans ce chapitre. Chaque présentation peut être suivie d'un exercice complet avec des mots ou des phrases à répéter et à lire à haute voix ou de quelques exemples que nous vous invitons à écouter et répéter.

◆ L'ALPHABET

Voici les lettres de l'alphabet et leur transcription phonétique entre crochets :
a [a:], **b** [bé:], **c** [ssé:], **d** [dé:], **e** [é:], **f** [èf], **g** [Xé:], **h** [Ha:], **i** [i:], **j** [yé:], **k** [ka:], **l** [èl], **m** [èm], **n** [èn], **o** [o:], **p** [pé:], **q** [ku:], **r** [èr], **s** [èss], **t** [té:], **u** [u:], **v** [v'é:], **w** [wé:], **x** [ikss], **y** [èy], **z** [z'èt]

• Écoutez une par une les lettres enregistrées et répétez-les à voix haute.
e [é:] / **g** [Xé:] / **h** [Ha:] / **i** [i:] / **j** [yé:] / **v** [v'é:] / **w** [wé:] / **x** [ikss] / **y** [èy] / **z** [z'èt]

• Écoutez les noms enregistrés et épelez-les à voix haute.
a. **Mark Jansen** : M A R K   J A N S E N
b. **Meneer Peters** : M E N E E R   P E T E R S
c. **David Smit** : D A V I D   S M I T
d. **Mevrouw Vriesman** : M E V R O U W   V R I E S M A N

◆ LES SONS

Les sons néerlandais ressemblent à ceux du français, à quelques exceptions près.

LA LETTRE *G* ET L'ENSEMBLE *CH*

La lettre **g** et l'ensemble **ch** ressemblent à la jota espagnole. Ils se prononcent comme si vous racliez un peu la gorge.

- Écoutez et répétez à voix haute.

gaan *aller* ; **zacht** *doux/-ce*

LA LETTRE *H*

La lettre **h** se prononce comme si vous souffliez doucement.

hallo *salut* ; **hebben** *avoir*

LA LETTRE *J*

La lettre **j** se prononce comme le *y* de *yaourt*.

ja *oui* ; **je** *tu*

LA LETTRE *N*

Le **n** placé avant une autre consonne se prononce toujours, mais il n'est pas nasalisé. Le **n** final dans une syllabe non accentuée se prononce à peine.

dans *danse* ; **lopen** *marcher*

LA LETTRE *S* ET LA TERMINAISON *-ISCH*

La lettre **s** se prononce toujours en sifflant, quelle que soit sa place dans le mot, même à la fin. La terminaison **-isch** se prononce également [is].

les *leçon* ; **straks** *tout à l'heure* ; **elektrisch** *électrique*

LES LETTRES *V* ET *Z* EN DÉBUT DE MOT

La lettre **v** en début de mot se prononce plutôt comme un *f* dans les régions centrales des Pays-Bas. Dans d'autres régions, la prononciation [v] est privilégiée. Il en est de même pour le **z**, tantôt prononcé comme un *s*, tantôt comme un *z* en début de mot.

voor *pour* ; **zijn** *être*

LES LETTRES *B* ET *D* EN FIN DE MOT

Un **b** en fin de mot se prononce toujours [p] et un **d** en fin de mot se prononce toujours [t].

heb *ai* ; **hond** *chien*

LA LETTRE *R* EN FIN DE MOT

En fin de mot, les Néerlandais ont tendance à vocaliser la prononciation du **r**. Il ressemble alors à un *r* américain.
over *sur* ; **meneer** *monsieur*

LA LETTRE *W* EN FIN DE MOT

Le **w** en fin de mot se prononce comme le son [ou] dans *four*. Il suffit tout simplement d'arrondir les lèvres.
uw *votre, vos* ; **eeuw** *siècle*

LA COMBINAISON DES LETTRES *-NG, -NK, -NJ, -SJ*

La combinaison des lettres **-ng** se prononce en un seul son nasal [ŋ], comme dans *ping-pong*.
La suite **-nk** se prononce également en un seul son [ŋk] ; ajoutez un **k** après la combinaison **ng**.
La combinaison **-nj** [ñy] se prononce comme le *gn* dans *peigne*.
La suite **-sj** se prononce comme un seul son [ch], comme dans *cheval*.
lang *long/ue* ; **bank** *banc* ; **oranje** *orange* ; **meisje** *fille*

LA COMBINAISON DES LETTRES *-IG* ET *-LIJK*

Les suffixes **-ig** [eX] et **-lijk** [lek] se prononcent avec un **e** atone.
heerlijk *délicieux/-se* ; **gelukkig** *heureux/-se*

LE *E* ATONE

Le **e** atone se prononce de façon relâchée, comme lorsque l'on marque une pause ou que l'on cherche un mot : un peu comme dans le mot français *retour*. Malgré le fait qu'il se prononce toujours, il ne sera jamais accentué.
docente *enseignante* ; **mevrouw** *madame* ; **bedankt** *merci*

LE *E* FINAL

Contrairement au français, le **e** final se prononce clairement. Le mot **machine** sera donc prononcé en trois syllabes : **ma** – **chi** – **ne**.
machine *machine* ; **we** *nous* ; **aarde** *terre*

LE TRÉMA

Le **ë** se prononce [ye]. Le tréma indique que la lettre précédente se prononce séparément.

Argentinië *Argentine* ; **Italië** *Italie* ; **ruïne** *ruine* ; **coördinatie** *coordination* ; **vacuüm** *vide*

LES VOYELLES BRÈVES ET LONGUES

Les voyelles brèves se prononcent de façon relâchée, avec peu de tension dans les muscles de la bouche et en tirant la base de la langue en arrière. Les voyelles longues sont prononcées avec une tension des muscles de la bouche plus forte que pour les voyelles brèves et sans mouvement de la langue vers l'arrière. Elles sont prononcées de façon plus étirée qu'en français.

Il est essentiel de bien distinguer les voyelles brèves des voyelles longues puisque le sens du mot en dépend.

Comparez les mots **man** *homme* et **maan** *lune* : le premier se prononce bref [màn], comme dans *pas*, et le second se prononce long [ma-an], comme dans *mari*, mais plus étiré. Faites particulièrement attention à la prononciation du **i** bref, un son intermédiaire entre [i] et [è].

• Écoutez ces paires de mots et dites-les ensuite à voix haute. Pour chaque ligne, la voyelle du premier mot est brève, celle du second est longue. N'oubliez pas d'étirer ces dernières.

a. **man** *homme* / **maan** *lune*
b. **mes** *couteau* / **mees** *mésange*
c. **lip** *lèvre* / **liep** *marchait*
d. **zon** *soleil* / **zoon** *fils*
e. **mus** *moineau* / **muur** *mur*

LA COMBINAISON DES LETTRES *EU* ET *OE*

Le couple de lettres **eu** se prononce comme dans *peu*, mais plus long.
neus *nez* ; **leuk** *amusant/e*

Le couple de lettres **oe** se prononce comme dans *fou*.
boek *livre* ; **moe** *fatigué/e*

LES (SEMI-)DIPHTONGUES : *EI/IJ, UI, OU/AU, OI, AAI, OOI, EEUW, IEUW*

Une diphtongue est formée par la réunion de deux voyelles qui se prononcent d'une seule émission de voix.
ei/ij se prononce comme dans *abeille*.
dijk *digue* ; **wei** *pré*

ui se prononce comme dans *œil*.
ui *oignon* ; **lui** *paresseux/-se*

ou/au se prononce comme un *a* court suivi d'un *ou* très court.
kou *froid/e* ; **blauw** *bleu/e*

oi se prononce comme dans *cow-boy*.
hoi *salut*

aai se prononce comme dans *ail*, avec un *a* long.
saai *monotone* ; **aaien** *caresser*

ooi se prononce comme dans *cow-boy* avec un *o* long.
mooi *joli/e* ; **dooien** *dégeler*

eeuw se prononce comme un *e* long, suivi d'un *ou*.
leeuw *lion* ; **eeuw** *siècle*

ieuw se prononce comme un *i* long, suivi d'un *ou*.
nieuw *nouveau/-lle* ; **kieuw** *branchie*

L'ACCENT TONIQUE DES MOTS

L'accent tonique est la syllabe qui reçoit plus d'accent que les autres, lorsqu'un mot comporte deux syllabes ou plus. En néerlandais, il est plutôt placé au début du mot. Il y a toutefois des exceptions, par exemple pour les mots d'origine étrangère, comme **Française** *Française*, ou lorsque la première syllabe contient un **e** atone. Dans ce dernier cas, l'accent tonique est décalé sur la syllabe suivante. Il en est de même pour un mot commençant par un préfixe, comme **ver-**. Parfois, l'accent tonique est placé sur la dernière syllabe. C'est la raison pour laquelle il est important d'écouter d'abord l'enregistrement audio des dialogues.

- Écoutez et répétez les mots suivants en marquant bien l'accent tonique, qui est souligné :
  a. **wonen** *habiter*
  b. **komen** *venir*
  c. **nummer** *numéro*
  d. **prima** *parfait/e*
  e. **meneer** *monsieur*
  f. **bedankt** *merci*
  g. **bedoelen** *vouloir dire*
  h. **vertellen** *raconter*
  i. **Française*** *Française*
  j. **moment** *instant*
  k. **retour** *aller-retour*
  l. **boerderij** *ferme*

* Le mot **Française** se prononce comme en français.

L'accent tonique des noms composés de deux ou trois mots se place en règle générale sur le premier mot.

- Écoutez et répétez les mots composés suivants en marquant l'accent tonique, qui est souligné :
  a. **kaasmaker** *fromager*
  b. **Tulpenstraat** *rue des tulipes*
  c. **rekenmachine** *calculatrice*
  d. **huisdier** *animal domestique*
  e. **buurvrouw** *voisine*
  f. **achternaam** *nom de famille*

L'ACCENTUATION ET LE RYTHME DE LA PHRASE

En plus de l'accent tonique des mots, une bonne compréhension de l'accentuation et du rythme de la phrase est essentielle. Contrairement au français, où toutes les syllabes sont prononcées avec à peu près la même puissance, en néerlandais, les mots portant le sens ressortent plus de la phrase que les autres mots. Pour simplifier, on peut dire que l'on appuie plus sur les mots qui véhiculent l'information comme les noms, les verbes et les adverbes et beaucoup moins sur les mots grammaticaux comme les articles, prépositions et autres.

- Écoutez les phrases suivantes issues du premier dialogue et répétez-les ensuite à voix haute :
  a. **Hoe heten jullie?** *Comment vous appelez-vous ?*
  b. **Wonen jullie in de Tulpenstraat?** *Habitez-vous (dans) la rue des tulipes ?*
  c. **Goed, jullie staan op de lijst.** *Bien, vous êtes sur la liste.*
  d. **Prima, bedankt en tot straks.** *Parfait, merci et à tout à l'heure.*
  e. **En waar woont u?** *Et où habitez-vous ?*

I. SALUTATIONS ET PREMIERS CONTACTS

1. PREMIÈRE RENCONTRE — 21
2. PARLER DE SOI — 29
3. DÉCRIRE UNE PERSONNE — 37
4. SANTÉ ! — 45
5. AU MARCHÉ — 53
6. LA FAMILLE — 61
7. AU TÉLÉPHONE — 69

II. LA VIE QUOTIDIENNE

8. UNE NOUVELLE CARTE D'IDENTITÉ — 79
9. LES ACTIVITÉS DE LA JOURNÉE — 87
10. UN E-MAIL D'EVA — 95
11. À LA RECHERCHE D'UN APPARTEMENT — 103
12. DEMANDER SON CHEMIN — 111
13. ET SI NOUS ALLIONS… ? — 119
14. L'HOROSCOPE — 127

III.
EN VILLE

15.
UNE « APPLI »
DE NAVIGATION 139

16.
FAIRE DES COURSES 147

17.
SORTIR AU
RESTAURANT 155

18.
CHEZ LE MÉDECIN 163

19.
LA ROUTINE 171

20.
L'ENTRETIEN
D'EMBAUCHE 179

21.
AU BUREAU 187

IV.
LES LOISIRS

22.
LES JOURS DE FÊTE 199

23.
LES HOBBYS 207

24.
FAIRE DU SHOPPING 215

25.
PARTIR EN WEEK-END 223

26.
À L'OFFICE
DE TOURISME 231

27.
LA BANQUE EN LIGNE 239

28.
LE DÉMÉNAGEMENT 247

29.
EN VACANCES 255

30.
UNE DESTINATION
INCONNUE 263

I

SALUTATIONS

ET

PREMIERS

CONTACTS

1. PREMIÈRE RENCONTRE

EERSTE KENNISMAKING

OBJECTIFS

- SALUER
- SE PRÉSENTER
- DEMANDER À SON INTERLOCUTEUR COMMENT IL S'APPELLE, OÙ IL HABITE
- DIRE AU REVOIR

NOTIONS

- LE TUTOIEMENT ET LE VOUVOIEMENT
- L'INFINITIF ET LE PRÉSENT DE L'INDICATIF

SALUT

<u>Mark</u> : Salut.

<u>Hôtesse</u> : Bonjour. Comment vous appelez-vous ?

<u>Mark</u> : Je m'appelle Mark Jansen.

<u>Bernie</u> : Et je m'appelle Bernie.

<u>Hôtesse</u> : Vous venez pour la dégustation de fromage ?

<u>Mark</u> : Oui.

<u>Hôtesse</u> : Habitez-vous (dans la)* Tulpenstraat (rue des tulipes) ?

<u>Mark</u> : Oui, nous habitons au numéro 6.

<u>Hôtesse</u> : Bien, vous êtes sur la liste.

<u>Mark</u> : Parfait, merci et à tout à l'heure.

<u>Hôtesse</u> : À plus tard.

<u>Hôtesse</u> : Bonjour. Comment vous appelez-vous ?

<u>Monsieur Peters</u> : Jasper Peters.

<u>Hôtesse</u> : Vous venez aussi pour la dégustation de fromage ?

<u>M. Peters</u> : Oui.

<u>Hôtesse</u> : Et où habitez-vous ?

<u>M. Peters</u> : (dans l') Berkenlaan (allée des bouleaux).

<u>Hôtesse</u> : À Amsterdam ?

<u>M. Peters</u> : Non, à Zaandam.

<u>Hôtesse</u> : Oh, excusez-moi !

---

* Les éléments entre parenthèses sont des termes présents dans la phrase en néerlandais. Ils sont ici pour vous aider à bien intégrer la syntaxe.

03 HALLO

Mark: Hallo.

Hostess: Dag. Hoe heten jullie?

Mark: Ik heet Mark Jansen.

Bernie: En ik heet Bernie.

Hostess: Komen jullie voor de kaasproeverij?

Mark: Ja.

Hostess: Wonen jullie in de Tulpenstraat?

Mark: Ja, we wonen op nummer 6 (zes).

Hostess: Goed, jullie staan op de lijst.

Mark: Prima, bedankt en tot straks.

Hostess: Tot later.

Hostess: Goedendag. Hoe heet u?

Meneer Peters: Jasper Peters.

Hostess: Komt u ook voor de kaasproeverij?

Meneer Peters: Ja.

Hostess: En waar woont u?

Meneer Peters: In de Berkenlaan.

Hostess: In Amsterdam?

Meneer Peters: Nee, in Zaandam.

Hostess: O sorry!

COMPRENDRE LE DIALOGUE
QUELQUES FORMULES ET EXPRESSIONS

→ **Hallo** *salut* est une salutation très courante et plus familière que **goedendag** *bonjour*, dont **dag** est la forme courte.

→ **Hoe heten jullie?** *Comment vous appelez-vous ?* Contrairement au verbe français, **heten** *s'appeler* n'est pas un verbe pronominal.

→ **kaasproeverij** *dégustation de fromage* est un nom composé de deux mots, mais dans l'ordre inverse du français.
Il est en de même pour **Tulpenstraat** *rue des tulipes*, et **Berkenlaan** *allée des bouleaux*.

→ La préposition **in**, signifie soit *dans*, soit *à* : **in de Tulpenstraat** *dans la rue des tulipes* ; **in Amsterdam** *à Amsterdam*.

→ La préposition **op** signifie soit *à*, soit *sur* : **op nummer 6** *au numéro 6* ; **op de lijst** *sur la liste*.

→ **staan** *être* litt. « être debout », est utilisé pour tout ce qui est imprimé ou écrit.

→ **bedankt** *merci*, et **sorry** *excuse(z)-moi*, sont des expressions courantes, plutôt familières.

→ La préposition **tot** *à* s'emploie dans les expressions du type **tot straks** *à tout à l'heure*, **tot later** *à plus tard*.

SPÉCIFICITÉS NÉERLANDAISES

• **Le tutoiement**

Ne confondez pas **jullie** *vous* (tutoiement au pluriel) avec **u** *vous* (vouvoiement au singulier ou au pluriel). Les Néerlandais tutoient facilement, même s'ils ne se connaissent pas. Le tutoiement est également très utilisé pour s'adresser aux supérieurs hiérarchiques. En règle générale, si votre interlocuteur se présente par son prénom, c'est une invitation au tutoiement. Par contre, lorsqu'il est question de faire preuve de respect, à l'égard d'une personne plus âgée par exemple, ou créer une certaine distance, les Néerlandais préféreront le vouvoiement.

◆ GRAMMAIRE
LE VOUVOIEMENT

Le pronom personnel du vouvoiement **u** *vous* s'emploie à la fois pour vouvoyer une ou plusieurs personnes. Par contre, le verbe sera toujours conjugué au singulier, même lorsque l'on s'adresse à plusieurs personnes :
Hoe heet u? *Comment vous appelez-vous ?*
Komt u ook voor de kaasproeverij? *Vous venez aussi pour la dégustation de fromage ?*

▲ CONJUGAISON
L'INFINITIF ET LE PRÉSENT DE L'INDICATIF

La marque infinitive de presque tous les verbes est **-en** :
heten *s'appeler* ; **komen** *venir* ; **wonen** *habiter*, etc.
La forme infinitive correspond également au pluriel du présent de l'indicatif :
jullie heten *vous vous appelez* ; **jullie komen** *vous venez* ; **jullie wonen** *vous habitez*.
On obtient la forme du vouvoiement en ajoutant un **-t** à la racine du verbe, sauf si la racine* se termine déjà par un **-t** :
u heet *vous vous appelez* ; **u komt** *vous venez* ; **u woont** *vous habitez*.

* Nous verrons les règles d'orthographe dans les modules 3, 4, 8 et 10.

● EXERCICES

Pour les exercices enregistrés, signalés par le pictogramme 🔊, vous devrez dans certains cas presser « pause » lorsque nous vous y invitons dans l'énoncé de façon à bien réaliser chaque étape. Toutes les réponses sont données dans la partie « Corrigés des exercices » en fin d'ouvrage.

1. RELIEZ LES QUESTIONS AUX RÉPONSES CORRESPONDANTES.

a. Hoe heet u?
b. Hoe heten jullie?
c. Waar wonen jullie?
d. Waar woont u?

1. We wonen in de Tulpenstraat.
2. Meneer Peters.
3. In Zaandam.
4. Ik heet Mark. Ik heet Bernie.

2. CHOISISSEZ LA BONNE PRÉPOSITION.

a. Ik woon in/op de Berkenlaan.

b. We wonen in/op nummer 6.

c. Op/Tot later!

d. U staat om/op de lijst.

3. COMPLÉTEZ PAR LA BONNE FORME DU VERBE DONNÉ ENTRE PARENTHÈSES.

a. Jullie (wonen) .... in Amsterdam.

b. (Heten) .... jullie Mark en Bernie?

c. (Komen) .... u voor de kaasproeverij?

d. En waar (wonen) .... u?

4. I) LISEZ LES MOTS SUIVANTS : *HEET, HETEN, KOMT, STAAN, WOONT, WONEN*. ÉCOUTEZ L'ENREGISTREMENT.
4. II) COMPLÉTEZ LES PHRASES AVEC LES MOTS ADÉQUATS DE LA LISTE CI-DESSUS ET LISEZ CHAQUE PHRASE À VOIX HAUTE. ENFIN, ÉCOUTEZ LE CORRIGÉ.

Exemple : Hoe .... jullie? → Hoe heten jullie?

a. Waar .... jullie?

b. .... u voor de proeverij?

c. De kaasmaker (*fromager*) .... meneer Peters.

d. .... jullie op de lijst?

e. .... u in Amsterdam?

VOCABULAIRE

<u>Note</u> : Cette liste regroupe les mots que vous venez de rencontrer au cours de ce module. Ils sont listés selon leur ordre d'apparition.
Les noms sont précédés de leur genre : **de** (*le*, *la*, *les*) ou **het** (*le*, *la*). Nous verrons le genre au prochain module.

hallo *salut*
de hostess *l'hôtesse*
dag *bonjour*
hoe? *comment ?*
heten *s'appeler*
jullie *vous* (tutoiement, pluriel)
ik *je*
en *et*
komen *venir*
voor *pour*
de kaasproeverij *la dégustation de fromage*
ja *oui*
wonen *habiter*
in *dans, à*
de straat *la rue*
de tulp *la tulipe*
we *nous*
op *à*
het nummer *le numéro*
goed *bien*
staan *être* (verbe)
op *sur*
de lijst *la liste*
prima! *parfait !*
bedankt *merci*
tot *à*
straks *tout à l'heure*
later *plus tard*
goedendag *bonjour*
u *vous*
de meneer *le monsieur*
ook *aussi*
waar? *où ?*
de laan *l'allée*
de berk *le bouleau*
nee *non*
o *oh*
sorry *excuse(z)-moi*
de kaasmaker *le fromager*

2.
PARLER DE SOI

OVER JEZELF VERTELLEN

OBJECTIFS

- DEMANDER D'ÉPELER UN NOM ET RÉPONDRE À CETTE QUESTION
- DEMANDER À SON INTERLOCUTEUR DE PARLER DE LUI

NOTIONS

- LES ARTICLES DÉFINIS ET INDÉFINIS AU SINGULIER
- LES PRONOMS PERSONNELS SUJETS NON ACCENTUÉS
- LE PRÉSENT DE L'INDICATIF DES VERBES *ÊTRE* ET *AVOIR*

LE NOUVEL ÉLÈVE

<u>Enseignante</u> : Ha, voici le nouvel élève ! Bonjour. Quel est ton nom ?

<u>Élève</u> : Salut. Je suis David Smit.

<u>Enseignante</u> : Comment ça s'épelle ?

<u>Élève</u> : D-A-V-I-D.

<u>Enseignante</u> : Je veux dire ton nom de famille, pas ton prénom !

<u>Élève</u> : Comme un forgeron*, mais avec un « t ».

<u>Enseignante</u> : Dis, ne fais pas le malin !

<u>Élève</u> : Mon nom de famille s'épelle S-M-I-T. Et quel est votre nom ?

<u>Enseignante</u> : Je pose les questions ici ! Peux-tu te présenter en quelques mots ?

<u>Élève</u> : Je viens du village Giethoorn. Nous avons une maison sur la digue. J'ai un frère et une sœur : ils sont déjà grands. Mon frère s'appelle Thijs et il a un chat. Ma sœur s'appelle Maud et elle a un chien. Avez-vous un animal de compagnie ?

<u>Enseignante</u> : Arrête ! Tu as certainement une calculatrice. Nous allons commencer.

* voir liste de vocabulaire p. 35

04 DE NIEUWE LEERLING

Docente: Ah, hier is de nieuwe leerling! Goedemorgen. Wat is je naam?

Leerling: Hoi. Ik ben David Smit.

Docente: Hoe spel je dat?

Leerling: D-A-V-I-D.

Docente: Ik bedoel je achternaam, niet je voornaam!

Leerling: Zoals een smid maar met een « t ».

Docente: Zeg, je bent zeker de leukste thuis!

Leerling: Mijn achternaam spel je S-M-I-T. En wat is uw naam?

Docente: Ik stel hier de vragen! Kun je iets over jezelf vertellen?

Leerling: Ik kom uit het dorp Giethoorn. We hebben een huis op de dijk. Ik heb een broer en een zus: ze zijn al groot. Mijn broer heet Thijs en hij heeft een kat. Mijn zus heet Maud en ze heeft een hond. Heeft u een huisdier?

Docente: Stop! Je hebt natuurlijk ook een rekenmachine. We gaan beginnen.

COMPRENDRE LE DIALOGUE
QUELQUES FORMULES ET EXPRESSIONS

→ **hier is!** littéralement « ici est » se traduit par *voici !*
→ La salutation **goedemorgen** *bonjour* s'emploie le matin et est moins familière que **hoi** *salut* qui peut être utilisée à tout moment de la journée.
→ **Wat is je naam?** *Quel est ton nom ?* est synonyme de **Hoe heet je?** *Comment t'appelles-tu ?*
→ Le pronom personnel **je** *tu* a le sens plus neutre de *on* dans **Hoe spel je dat?** *Comment ça s'épelle ?* litt. « comment épelles-tu cela ».
→ Dans les noms **achternaam** *nom de famille* et **voornaam** *prénom* on trouve les prépositions **achter** *derrière* et **voor** *devant*.
→ Dans l'expression **Je bent zeker de leukste thuis!** *Ne fais pas le malin !* litt. « tu es certainement le plus drôle à la maison », on trouve le superlatif **leukste** *le plus drôle*. Nous y reviendrons.
→ *Poser des questions* **vragen stellen**. Notez que l'article indéfini pluriel est absent en néerlandais.
→ Dans une phrase interrogative et en l'absence d'un pronom interrogatif, le verbe conjugué ou l'auxiliaire se trouve en tête de phrase et l'infinitif à la fin : **Kun je iets over jezelf vertellen?** *Peux-tu te présenter en quelques mots ?* litt. « peux-tu quelque chose sur toi-même raconter ».
→ Notez que la préposition fixe **uit** suit **komen**, dans le sens de *venir de* : **Ik kom uit het dorp Giethoorn** *Je viens du village Giethoorn*.

SPÉCIFICITÉS NÉERLANDAISES

Si vous ne voulez pas être tout de suite démasqué en tant qu'étranger, il est impératif de prononcer le « d » à la fin d'un mot comme un « t ». On trouve plusieurs exemples dans le dialogue : **Maud**, **David**, **hond**, ou encore **Smit** et **Smid**. Ces derniers se prononcent donc de la même façon !

◆ GRAMMAIRE
LES ARTICLES DÉFINIS ET INDÉFINIS AU SINGULIER

Il existe deux articles définis au singulier en néerlandais : **de** et **het**. Le premier, appelé « genre commun », regroupe les noms masculins et féminins. Le deuxième, appelé « genre neutre », est moins fréquent : **de leerling** *l'élève*, **de naam**, *le nom*, mais **het dorp** *le village*. Prenez dès à présent l'habitude d'apprendre un nom avec son article.

Le néerlandais ne connaît qu'un seul article indéfini : **een** *un/une*. Ex. **een broer** *un frère*, **een zus** *une sœur*.

LES PRONOMS PERSONNELS SUJETS NON ACCENTUÉS

Il s'agit de pronoms qui ne portent pas d'accent tonique lors de la prononciation. Ils sont plus fréquents que leurs pendants accentués, présentés dans le module 6 p. 65.

		Singulier		Pluriel
1ʳᵉ personne	**ik**	*je*	**we**	*nous*
2ᵉ personne	**je**	*tu*	**jullie**	*vous* (tutoiement pluriel)
	u	*vous* (pronom de politesse pour une ou plusieurs personnes)		
3ᵉ personne	**hij**	*il*	**ze**	*ils, elles*
	ze	*elle*		

▲ CONJUGAISON
LE PRÉSENT DE L'INDICATIF DES VERBES *ÊTRE* ET *AVOIR*

	zijn	être	**hebben**	avoir
ik	ben	suis	heb	ai
je	bent	es	hebt	as
u	bent	êtes	heeft/hebt	avez
hij, ze	is	est	heeft	a
we	zijn	sommes	hebben	avons
jullie	zijn	êtes	hebben	avez
ze	zijn	sont	hebben	ont

◆ EXERCICES

1. REMPLACEZ L'ARTICLE INDÉFINI PAR L'ARTICLE DÉFINI ADÉQUAT.
a. een hond: .... c. een leerling: ....
b. een huis: .... d. een dorp: ....

2. COMPLÉTEZ À L'AIDE DU BON PRONOM EN VOUS AIDANT DE LA TRADUCTION ENTRE PARENTHÈSES.
a. .... (*je*) kom uit Utrecht.

b. ...... (*ils*) hebben een hond en een kat.

c. .... (*elle*) heeft een broer.

d. Heeft .... (*vous*) een huisdier?

e. .... (*nous*) zijn hier.

f. .... (*tu*) hebt een zus.

g. Waar wonen .... (*vous*)?

3. CHOISISSEZ LA BONNE FORME DU VERBE.
a. Jullie heeft/hebben.   c. Hij is/zijn.

b. U bent/zijn.   d. Je hebt/hebben.

🔊 04 4. I) ÉPELEZ LES NOMS SUIVANTS : *DAVID*, BERNIE, MAUD, SMID, GIETHOORN. ÉCOUTEZ ENSUITE LE CORRIGÉ.
4. II) ÉCOUTEZ LES PHRASES SUIVANTES, COMPLÉTEZ-LES ET LISEZ-LES À VOIX HAUTE. ENFIN, RÉÉCOUTEZ L'ENREGISTREMENT.
a. Mijn .... is David.

b. Ik .... Maud.

c. We komen .... Giethoorn.

d. Is uw .... Smid?

e. .... Bernie een huisdier?

● VOCABULAIRE

de *le, la*
nieuw *nouveau/-lle*
de leerling *l'élève*
de docente *l'enseignante*
ah *ha*
hier *ici*
is *est* (voir la conjugaison du verbe **zijn** p. 33)
goedemorgen *bonjour*
wat? *quel ?*
je *ton, ta, tes*
de naam *le nom*
hoi *salut*
ben *suis* (voir la conjugaison du verbe **zijn** p. 33)
spellen *épeler*
je *tu, on*
dat *cela, ça*
bedoelen *vouloir dire*
de achternaam *le nom de famille*
niet *ne pas*
de voornaam *le prénom*
zoals *comme*
een *un / une*
de smid *le forgeron*
maar *mais*
met *avec*
zeggen *dire*
zeker *certainement*
de leukste *le plus drôle*
thuis *à la maison*
mijn *mon, ma, mes*
uw *votre, vos*
stellen *poser*
de vraag *la question*
kunnen *pouvoir* (v.)*
iets *quelque chose*
over *sur, de*
jezelf *toi-même*
vertellen *raconter*
uit (komen uit) *de (venir de)*
het *le, la*
het dorp *le village*
hebben *avoir* (v.)
het huis *la maison*
de dijk *la digue*
de broer *le frère*
de zus *la sœur*
al *déjà*
groot *grand/e*
ze *elle, ils, elles*
hij *il*
de kat *le chat*
de hond *le chien*
het huisdier *l'animal de compagnie*
stoppen *arrêter*
natuurlijk *certainement*
de rekenmachine *la calculatrice*
gaan *aller*
beginnen *commencer*

*(v.) = verbe

3. DÉCRIRE UNE PERSONNE

IEMAND BESCHRIJVEN

OBJECTIFS

- PRÉSENTER QUELQU'UN
- DÉCRIRE DES PERSONNES ET DES CHOSES

NOTIONS

- LA VOYELLE LONGUE
- L'USAGE DES MAJUSCULES
- L'ADJECTIF ATTRIBUT ET ÉPITHÈTE
- LES PRONOMS DÉMONSTRATIFS *DIT* CECI, VOICI ET *DAT* CELA, VOILÀ
- LE PRÉSENT DE L'INDICATIF DES VERBES RÉGULIERS

ENCHANTÉ !

<u>Annette</u> : Je souhaite te présenter tout à l'heure à la voisine.

Elle vient de France. Elle est très gentille.

Elle est française et son mari est néerlandais.

Ils travaillent pour la télévision : lui, il est présentateur, et elle, elle y travaille comme traductrice.

Ils ont trois garçons et une fille.

Les garçons parlent le néerlandais et le français.

La fille parle également espagnol, car la baby-sitter vient d'Argentine.

Ils habitent (dans) cette grande maison avec les (ces) volets rouges.

Tu vois ? Cette maison avec les (ces) plantes sur le rebord de fenêtre.

Ah, la voilà !

Tiens Margot, puis-je te présenter ?

Margot, voici Ben.

Ben, voici ma voisine française Margot. Et voilà la baby-sitter argentine.

<u>Ben</u> : Enchanté ! Hum, comment ça se dit en espagnol ?

05 AANGENAAM!

<u>Annette:</u> Ik wil je straks even voorstellen aan de buurvrouw.

Ze komt uit Frankrijk. Ze is erg lief.

Ze is Française en haar man is Nederlander.

Ze werken voor de televisie: hij is presentator en zij werkt er als vertaalster.

Ze hebben drie jongens en een meisje.

De jongens spreken Nederlands en Frans.

Het meisje spreekt ook Spaans, want de oppas komt uit Argentinië.

Ze wonen in dat grote huis met die rode luiken.

Zie je? Dat huis met die planten op de vensterbank.

Ah, daar is ze!

Hé Margot, mag ik je even voorstellen?

Margot, dit is Ben.

Ben, dit is mijn Franse buurvrouw Margot. En dat is de Argentijnse oppas.

<u>Ben:</u> Aangenaam! Eh, hoe zeg je dat in het Spaans?

■ COMPRENDRE LE DIALOGUE
QUELQUES FORMULES ET EXPRESSIONS

→ **Ik wil je even voorstellen** *Je souhaite te (un instant) présenter,* **Mag ik je even voorstellen?** *Puis-je te (un instant) présenter ?* L'adverbe de modalité **even** *un instant* ne se traduit pas toujours.

→ **Hij is presentator en zij werkt er als vertaalster** *Lui, il est présentateur et elle, elle y travaille comme traductrice.* Le pronom **zij** est la variante accentuée de **ze** et permet de faire ressortir le pronom.

→ **De jongens spreken Nederlands en Frans** *Les garçons parlent le néerlandais et le français.* Il n'y a pas d'article défini devant les noms de langues lorsque ces derniers suivent le verbe **spreken**.

→ **daar is** litt. « là-bas est » se traduit par *voilà*.

SPÉCIFICITÉS NÉERLANDAISES

Aux Pays-Bas, peu de maisons ont des volets. C'est plutôt une spécificité des maisons en zones rurales. Par contre, *le rebord de fenêtre* à l'intérieur de la fenêtre, **de vensterbank**, est très courant. Les Néerlandais y posent des plantes, fleurs ou toutes sortes d'objets décoratifs. L'absence de volets permet, le soir venu, d'admirer les différentes décorations, surtout que peu de Néerlandais mettent des rideaux et ont l'habitude de ce « contrôle social » du fait du regard des autres.

✳ ORTHOGRAPHE
LA VOYELLE LONGUE

Afin de préserver la prononciation d'une voyelle longue, il convient de <u>doubler la voyelle</u> en syllabe fermée par une consonne. Par contre, en syllabe ouverte (non fermée par une consonne), <u>une seule voyelle</u> est requise :
groo**t** – **gr**o**te** *grand/e* ; **r**oo**d** – **r**o**de** *rouge*
spree**k** – **spr**e**ken** *parler* ; **h**ee**t** – **h**e**ten** *s'appeler*

L'USAGE DES MAJUSCULES

En néerlandais, les noms de pays, nationalités et langues s'écrivent avec une majuscule, même lorsque ces dernières sont employées en tant qu'adjectif :
Ze komt uit Spanje *Elle vient d'Espagne.* **Ze is Française** *Elle est française.*

Ze spreken Italiaans *Ils parlent l'italien.* **Mijn Argentijnse buurvrouw** *Ma voisine argentine.*

◆ GRAMMAIRE
L'ADJECTIF ATTRIBUT ET ÉPITHÈTE

L'adjectif attribut est placé après le verbe et est toujours invariable.
Ze is (...) lief *Elle est gentille* ; **Ze zijn aardig** *Ils/Elles sont sympathiques.*
L'adjectif épithète est placé devant le nom et il prend presque toujours un **-e** final :
het grote huis *la grande maison* ; **de rode luiken** *les volets rouges* ; **de leuke buurvrouw** *la voisine sympathique* ; **de kleine vensterbank** *le petit rebord de fenêtre.*

LES PRONOMS DÉMONSTRATIFS *DIT* CECI, VOICI ET *DAT* CELA, VOILÀ

Les pronoms démonstratifs **dit** *ceci*, *voici* et **dat** *cela*, *voilà* sont utilisés pour faire les présentations : **dit is Ben** *voici Ben.* **En dat is de Argentijse oppas** *Et voilà la baby-sitter argentine.*
Dit is mijn zus Annette en dat is mijn broer Rob. *Voici ma sœur Annette et voilà mon frère Rob.*
Dit is een raam en dat is een luik. *Ceci est une fenêtre et cela est un volet.*

▲ CONJUGAISON
LE PRÉSENT DE L'INDICATIF DES VERBES RÉGULIERS

La 1re personne du singulier se forme en enlevant la terminaison **-en** (ou **-n**) de l'infinitif. Pour obtenir la 2e et la 3e personne du singulier, il faut ajouter un **-t** à la racine du verbe. Souvenez-vous que le pluriel correspond à la forme infinitive. N'oubliez pas d'appliquer la règle d'orthographe décrite ci-contre.
werken *travailler* : **ik werk** ; **je, u werkt** ; **hij, ze werkt** ; **we, jullie, ze werken**
spreken *parler* : **ik spreek** ; **je, u spreekt** ; **hij, ze spreekt** ; **we, jullie, ze spreken**

● EXERCICES

1. COMPLÉTEZ À L'AIDE DE LA BONNE FORME DU MOT ENTRE PARENTHÈSES.

a. Ik .... (werken) voor de televisie.

b. .... (spreken) u Spaans en Frans?

c. De tulp is .... (rood).

d. Hij .... (wonen) in dat .... (groot) huis.

e. Ze (pluriel) .... (werken) in Zaandam.

2. FAITES LES PRÉSENTATIONS SELON L'EXEMPLE.

Exemple :
Margot / Mark : Mag ik je even voorstellen?
Dit is Margot en dat is Mark.
Aangenaam.

a. de buurvrouw / de oppas : ....

b. Maud / Thijs : ....

c. de nieuwe leerling / de nieuwe docente : ....

3. CHOISISSEZ LA BONNE FORME DE L'ADJECTIF.

a. De Argentijns / Argentijnse buurvrouw.   c. De meisjes zijn groot / grote.

b. Het huis is rood / rode.   d. De nieuw / nieuwe oppas.

4. ÉCOUTEZ LES PHRASES ET COMPLÉTEZ, PUIS RÉÉCOUTEZ L'ENREGISTREMENT.

a. Ze komt uit ....

b. Hij spreekt .... en ....

c. Mijn .... oppas is niet lief.

d. Hij is .... en zij is ....

● VOCABULAIRE

aangenaam *enchanté/e*
willen *vouloir*
even *un instant*
voorstellen *présenter*
aan *à*
de buurvrouw *la voisine*
Frankrijk (het) *la France*
erg *très*
lief *gentil/le*
de Française *la Française* (nationalité)
haar *son, sa, ses*
de man *le mari*
de Nederlander *le Néerlandais* (nationalité)
de televisie *la télévision*
de presentator *le présentateur*
zij *elle*
er *y*
als *comme*
de vertaalster *la traductrice*
drie *trois*
de jongen *le garçon*
het meisje *la fille*
spreken *parler*
het Nederlands *le néerlandais* (langue parlée)
het Frans *le français* (langue parlée)
het Spaans *l'espagnol* (langue parlée)
want *car*
de oppas *le/la baby-sitter*
Argentinië (het) *l'Argentine* (pays)
dat *ce, cette*
die *ce, cette*
rood *rouge*
het luik *le volet*
zien *voir*
de plant *la plante*
de vensterbank *le rebord de fenêtre*
daar *là-bas*
mogen *pouvoir* (v.)
dit *ceci, voici*
dat *cela, voilà*
Frans *français/e* (adj.)
Argentijns *argentin/e* (adj.)
aardig *sympathique* (adj.)
klein *petit/e* (adj.)

4. SANTÉ !

PROOST!

OBJECTIFS

- PROPOSER LE TUTOIEMENT
- PROPOSER D'ALLER BOIRE UN VERRE

NOTIONS

- LES ADVERBES DE MODALITÉ ET INTERJECTIONS
- PARLER DES NOMS DE PAYS, NATIONALITÉS ET LANGUES
- LE DOUBLEMENT DE LA CONSONNE
- LE PRÉSENT DE L'INDICATIF DES VERBES RÉGULIERS

SANTÉ !

Ben : Donc vous êtes la baby-sitter argentine.

Julia : Tu peux me tutoyer, tu sais !

Ben : Et si nous allions boire un verre ?

Julia : Oui, bonne idée. Je connais un café sympa près d'ici.

Ben : Parfait !

Ben : Que veux-tu boire ?

Julia : Je prends une bière. Et toi ?

Ben : Pour moi un verre de vin blanc. Tu habites depuis longtemps aux Pays-Bas ?

Julia : Nous sommes ici depuis l'année dernière. Et vous ?

Ben : Nous habitons ici depuis dix ans déjà. Nous venons du Portugal.

Julia : Ben ? Est-ce un nom portugais ?

Ben : En fait, je m'appelle Benjamin, mais mes amis m'appellent Ben.

Julia : C'est amusant : mon professeur d'anglais s'appelle Bernard, mais nous disons également Ben. Il vient d'Angleterre et sa femme vient d'Italie. Nous parlons deux langues à la maison, mais eux, ils parlent trois langues : anglais, italien et néerlandais.

Ben : Eh ben, santé ! Aux polyglottes !

06 PROOST!

Ben: Dus u bent de Argentijnse oppas.

Julia: Zeg maar gewoon 'jij', hoor!

Ben: Zullen we ergens wat gaan drinken?

Julia: Ja, goed idee. Ik ken een leuk café hier vlakbij.

Ben: Prima!

Ben: Wat wil je drinken?

Julia: Ik neem een biertje. En jij?

Ben: Voor mij een glas witte wijn. Woon je al lang in Nederland?

Julia: We zijn hier sinds vorig jaar. En jullie?

Ben: Wij wonen hier al tien jaar. We komen uit Portugal.

Julia: Ben? Is dat een Portugese naam?

Ben: Eigenlijk heet ik Benjamin, maar mijn vrienden noemen me Ben.

Julia: Dat is grappig: mijn docent Engels heet Bernard, maar we zeggen ook Ben. Hij komt uit Engeland en zijn vrouw komt uit Italië. Wij spreken thuis twee talen, maar zij spreken drie talen: Engels, Italiaans en Nederlands.

Ben: Nou, proost! Op de meertaligen!

COMPRENDRE LE DIALOGUE
QUELQUES FORMULES ET EXPRESSIONS

→ **Zeg maar gewoon 'jij', hoor!** *Tu peux me tutoyer, tu sais !* litt. « dis alors simplement 'tu', écoute ».

→ **Zullen we ergens wat gaan drinken?** *Et si nous allions boire un verre ?* litt. « (…) nous quelque part quelque chose aller boire ». L'auxiliaire du futur **zullen** ne se traduit pas lorsque le pronom **we** le suit, car il sert à formuler une proposition.

→ **Ik neem een biertje** *Je prends une bière.* Le diminutif **biertje** litt. « petite bière » permet de quantifier un nom de matière (un liquide est considéré comme étant une « matière »), ici **het bier**. Cela permet de le compter et de l'utiliser au pluriel : **twee biertjes** *deux bières*, etc.

→ **Wij wonen hier al tien jaar** *Nous habitons ici depuis dix ans déjà.* L'adverbe **al** *déjà* permet d'accentuer la notion du temps passé.

→ **Eigenlijk heet ik Benjamin** *En fait, je m'appelle Benjamin.* Dans une phrase affirmative simple, le verbe conjugué occupe toujours la deuxième position. La structure est la suivante : complément + verbe conjugué + sujet.

SPÉCIFICITÉS NÉERLANDAISES

L'usage des adverbes de modalité et interjections est très fréquent. Ces petits mots n'ont pas de traduction unique en français. Souvent, ils servent à atténuer l'impératif, car les Néerlandais n'aiment pas que celui-ci sonne comme un ordre. On les trouve également dans des phrases sans impératif. Dans ce dialogue, vous avez rencontré :

maar *je te/vous prie*, *alors*, *donc*, *plutôt* ajoutant une nuance d'indulgence ;
hoor *tu sais*, *écoute*, *mais*, *hein* permettant d'interpeller l'interlocuteur et d'insister sur ce que l'on vient de dire ;
nou *eh ben*, *donc*, *alors*, *tiens*, *bon* exprimant différents états d'âme comme l'étonnement, l'incertitude ou encore l'indignation. Le contexte et l'intonation vous aideront à savoir comment les interpréter.

PARLER DES NOMS DE PAYS, NATIONALITÉS ET LANGUES

Les noms de pays, nationalités et langues sont à mémoriser. Certains noms de pays se terminent par **-rijk**, qui signifie *royaume*, ou par **-land** *pays*. Parfois, les noms des habitants masculins se terminent par **-man** *homme*. La plupart du temps, les noms des habitants féminins se terminent par **-se**.

✹ ORTHOGRAPHE
LE DOUBLEMENT DE LA CONSONNE

Afin de préserver la prononciation d'une voyelle brève, il convient de doubler la consonne lorsqu'il y a deux syllabes. Par contre, une consonne suffit dans le cas où il n'y a qu'une seule syllabe :

wit + e → **witte** *blanc*
ken + en → **kennen** *connaître*
zeg + en → **zeggen** *dire*

▲ CONJUGAISON
LE PRÉSENT DE L'INDICATIF DES VERBES RÉGULIERS

Les verbes **kennen** *connaître* et **zeggen** *dire* sont réguliers au présent. N'oubliez pas d'appliquer la règle d'orthographe décrite ci-dessus.
kennen : **ik ken ; je, u kent ; hij, ze kent ; we, jullie, ze kennen**
zeggen : **ik zeg ; je, u zegt ; hij, ze zegt ; we, jullie, ze zeggen**

⬢ EXERCICES

1. TRADUISEZ LES PHRASES SUIVANTES :
a. Zij is Italiaanse en hij is Nederlander.
→ ....
b. Ze komen uit Portugal.
→ ....
c. Hij spreekt Nederlands, Frans en Spaans.
→ ....
d. We zeggen 'Frankrijk', maar 'Nederland'.
→ ....
e. Een Fransman spreekt Frans.
→ ....

2. RELIEZ CHAQUE DÉBUT DE PHRASE À LA SUITE QUI LUI CORRESPOND.

a. Zullen we • • 1. Italiaans en Portugees?
b. Ze wonen • • 2. wat gaan drinken?
c. Spreekt zij • • 3. hier al tien jaar.
d. Ik neem • • 4. een glas witte wijn.

3. ENTOUREZ LA BONNE FORME.

a. Ze zegen/zeggen Ben.
b. Wij kenen/kennen een leuk café.
c. Hij neemt een glas wite/witte wijn.
d. Dat is grapig/grappig.

4. ÉCOUTEZ L'ENREGISTREMENT ET COMPLÉTEZ LES PHRASES, PUIS TRADUISEZ-LES.
06

a. ...., eigenlijk heet ik Bernard.
→ ....

b. Zeg .... gewoon Ben!
→ ....

c. Dat is een Nederlandse naam ....!
→ ....

● VOCABULAIRE

proost! *santé !*
dus *donc*
maar *alors*
gewoon *simplement*
jij *tu*
hoor! *tu sais !*
zullen *auxiliaire du futur*
ergens *quelque part*
wat *quelque chose*
drinken *boire*
goed *bon/ne*
het idee *l'idée*
leuk *sympa*
het café *le café* (l'endroit)
vlakbij *(tout) près*
wat? *que ?*
nemen *prendre*
het biertje *la bière*
mij *moi*
het glas *le verre*
wit *blanc/he*
de wijn *le vin*
lang *longtemps*
Nederland (het) *les Pays-Bas*
sinds *depuis*
vorig *dernier/-ère*
het jaar *l'année, l'an*
wij *nous*
tien *dix*
Portugal (het) *le Portugal*
Portugees *portugais/e* (adj.)
eigenlijk *en fait*
de vriend *l'ami*
noemen *appeler*
me *me*
grappig *amusant/e*
de docent *l'enseignant*
Engels *anglais* (adj.)
Engeland (het) *l'Angleterre*
zijn *son, sa, ses*
de vrouw *la femme*
Italië (het) *l'Italie*
twee *deux*
de taal *la langue* (parlée)
het Engels *l'anglais* (langue parlée)
het Italiaans *l'italien* (langue parlée)
nou *eh ben*
de meertalige *le polyglotte*
het rijk *le royaume*
het land *le pays*
de man *l'homme*

5.
AU MARCHÉ

OP DE MARKT

OBJECTIFS

- **DEMANDER LE PRIX D'UN PRODUIT**
- **COMMANDER DES PRODUITS**
- **SAVOIR DÉSIGNER LES FRUITS/LÉGUMES ET LES POIDS/QUANTITÉS**
- **SAVOIR COMPRENDRE ET EMPLOYER CERTAINES STRUCTURES SPÉCIFIQUES AUX ACHATS**
- **PARLER DES COULEURS**
- **REMERCIER ET PRENDRE CONGÉ**

NOTIONS

- **LE PLURIEL DES NOMS**
- **LES ARTICLES DÉFINIS ET INDÉFINIS AU PLURIEL**

AU MARCHÉ

Marchand de légumes : Des pommes, poires et bananes !

Cliente : As-tu aussi des groseilles rouges ?

Marchand : Bien sûr, cent grammes de groseilles ?

Cliente : Combien coûtent-elles ?

Marchand : Sept euros le kilo.

Cliente : Donne-moi alors deux cent grammes. Et combien coûtent les poires ?

Marchand : Elles coûtent quatre euros la (par) livre.

Cliente : Que c'est cher ! Non, merci.

Marchand : Et pour madame, un chou-fleur orange ?

Cliente : Vous avez du chou-fleur orange ?

Marchand : Oui, nous avons des choux-fleurs de toutes sortes de couleurs : blanc, orange, vert, jaune et même violet !

Cliente : Eh bien, des choux-fleurs violets ! Que coûtent-ils ?

Marchand : Un euro la pièce.

Cliente : Alors un jaune et un violet, s'il vous plaît.

Poissonnière : Je vous écoute !

Client : Un hareng frais.

Poissonnière : Avec des oignons(-petits) ?

Client : Oui, volontiers.

Poissonnière : Un poisson frais pour monsieur. C'est deux euros alors.

Client : Voici.

Poissonnière : Merci et au revoir.

07

OP DE MARKT

Groenteman: Appels, peren en bananen!

Klant: Heb je ook rode bessen?

Groenteman: Jazeker, een ons bessen?

Klant: Hoe duur zijn ze?

Groenteman: Zeven euro per kilo.

Klant: Doe maar twee ons. En hoeveel kosten de peren?

Groenteman: Ze kosten vier euro per pond.

Klant: Wat duur! Nee, dank je.

Groenteman: En voor mevrouw een oranje bloemkool?

Klant: Heeft u oranje bloemkool?

Groenteman: Ja, wij hebben allerlei kleuren bloemkool: wit, oranje, groen, geel en zelfs paars!

Klant: Tjonge, paarse bloemkolen! Wat kosten ze?

Groenteman: Een euro per stuk.

Klant: Een gele en een paarse dan graag.

Visboer: Zegt u het maar!

Klant: Een verse haring.

Visboer: Met uitjes?

Klant: Ja, graag.

Visboer: Een vers visje voor meneer. Dat is dan twee euro.

Klant: Alstublieft.

Visboer: Dank u wel en tot ziens.

COMPRENDRE LE DIALOGUE
QUELQUES FORMULES ET EXPRESSIONS

→ **groenteman** *primeur, épicier, marchand de légumes* est un mot composé, tout comme **visboer** *poissonnier*. On peut d'ailleurs également dire **groenteboer**, composé de **groente** *légume*, et de **boer** *fermier*.

→ Il existe plusieurs façons de demander le prix d'un produit :
Hoe duur zijn ze? *Combien coûtent-ils ?* litt. « comment cher sont-ils »
Hoeveel kosten de peren? *Combien coûtent les poires ?*
Wat kosten ze? *Que coûtent-ils ?*

→ **een ons bessen** *cent grammes de groseilles*. Notez que l'article partitif* est absent en néerlandais.

→ **Doe maar twee ons** *Donne(z)-moi alors deux cent grammes* litt. « fais/faites alors deux cent grammes ».

→ **Wat duur!** *Que c'est cher !* litt. « que cher ». Dans ce type d'expression, le verbe est en général omis.

→ **dank je (wel)** *merci bien (à toi)*, est synonyme de **bedankt**. En vouvoyant, dites plutôt : **dank u (wel)**.

→ **Zegt u het maar!** *Je vous écoute !* litt. « dites vous le donc » est une expression très courante dans les commerces et les cafés.

→ **(…) allerlei kleuren bloemkool** *(…) des choux-fleurs de toutes sortes de couleurs* litt. « toutes sortes couleurs choux-fleurs ».

→ **(…) een gele en een paarse dan graag** *(…) alors un jaune et un violet s'il vous plaît*. **graag** *volontiers*, est utilisé pour adoucir un ordre ou une commande.

→ **Een vers visje (…)** *un poisson frais (…)* litt. « un frais petit poisson ». **visje** est le diminutif de **vis**.

→ **alstublieft** signifie *voici*. En tutoyant, on dira **alsjeblieft**.

* On utilise un article partitif devant des aliments que l'on ne peut pas compter ou pour en désigner une partie.

SPÉCIFICITÉS NÉERLANDAISES

En néerlandais, il est encore très fréquent d'employer les noms **het ons** *cent grammes* et **het pond** *la livre*. Vous pouvez aussi demander **100 (honderd) gram** ou **500 (vijfhonderd) gram** ou **een halve kilo** *un demi-kilo*. Contrairement au français, lorsqu'un chiffre précède un nom indiquant un poids, ce dernier ne sera pas mis au pluriel. Il en est de même pour les prix : **twee euro** *deux euros*.

◆ GRAMMAIRE
LE PLURIEL DES NOMS

Le néerlandais connaît deux formes de pluriel, une avec la terminaison **-en** et une avec **-s** :
bes – **bessen** ; **peer** – **peren** ; **banaan** – **bananen** ; **bloemkool** – **bloemkolen**.
N'oubliez pas d'appliquer les règles d'orthographe. En général, les noms comportant plusieurs syllabes se terminant par une syllabe non accentuée en **-el** prennent un **-s** au pluriel : **appel** – **appels***.
* Le pluriel **appelen** existe aussi, mais il est moins fréquent.

LES ARTICLES DÉFINIS ET INDÉFINIS AU PLURIEL

Il existe un seul article défini au pluriel en néerlandais : **de**. Il s'utilise pour le genre commun et le genre neutre : **de peer** – **de peren** *les poires*, **het land** – **de landen** *les pays*.
L'article indéfini au pluriel n'existe pas en néerlandais : **een peer** – **peren** ; **een land** – **landen**.

⬢ EXERCICES

1. DEMANDEZ LE PRIX DU PRODUIT EN UTILISANT LES ÉLÉMENTS DONNÉS.

a. bananen/duur →
   H .... ?

b. haring/kost →
   H .... ?

c. bessen/kosten →
   W .... ?

2. RÉPONDEZ MAINTENANT AUX QUESTIONS EN COMPLÉTANT LES ÉLÉMENTS DONNÉS.

a. bananen / twee euro / kilo → De ....

b. duur / een euro / stuk → De ....

c. ons / kost / zeven euro → Een ....

3. METTEZ AU PLURIEL.

a. de bes → ....

b. de kleur → ....

c. een banaan → ....

d. een visboer → ....

e. de appel → ....

4. ÉCOUTEZ LES PHRASES. QUE SIGNIFIENT-ELLES ? COCHEZ LA BONNE RÉPONSE.

a. ❑ Je vous écoute !   ❑ Vous le dites !

b. ❑ Que c'est cher !   ❑ Que c'est bon marché !

c. ❑ Merci bien. (à toi)   ❑ Merci bien. (à vous)

d. ❑ Oui, volontiers !   ❑ Non, merci.

VOCABULAIRE

de markt *le marché*
de groenteman *le marchand de légumes*
de appel *la pomme*
de peer *la poire*
de banaan *la banane*
de klant *le/la client/e*
de rode bes *la groseille rouge*
jazeker *bien sûr*
het ons *cent grammes*
hoe duur? *combien coûte(nt) ?*
zeven *sept*
de euro *l'euro*
per *par*
de kilo *le kilo*
doen *faire*
hoeveel? *combien ?*
kosten *coûter*
vier *quatre*
het pond *la livre* (poids)
wat …! *que c'est … !*
duur *cher*
dank je (wel) *merci (à toi)*
de mevrouw *la madame*
oranje *orange* (couleur)
de bloemkool *le chou-fleur*
allerlei *toutes sortes de*
de kleur *la couleur*
groen *vert/e*
geel *jaune*
zelfs *même*
paars *violet/te*
tjonge! *eh bien !*

het stuk *la pièce*
dan *alors*
graag *volontiers, s'il te plaît, s'il vous plaît*
de visboer *le poissonnier*
zegt u het maar! *je vous écoute !*
vers *frais/-îche* (adj.)
de haring *le hareng*
het uitje *le petit oignon*
alstublieft *voici*
dank u wel *merci (à vous)*
tot ziens *au revoir*
de groente *le légume*
de boer *le fermier*
de groenteboer *le marchand de légumes*
alsjeblieft *voici*
honderd *cent*
de gram *le gramme*
vijfhonderd *cinq cents*
half *demi/e*

6.
LA FAMILLE

DE FAMILIE

OBJECTIFS

- EXPRIMER LES LIENS DE FAMILLE
- PARLER DE L'ÂGE

NOTIONS

- LES PRONOMS PERSONNELS SUJETS ACCENTUÉS
- L'INVERSION
- LES NOMBRES CARDINAUX DE 1 À 19
- L'ADJECTIF (SUITE)

L'ALBUM DE FAMILLE

<u>Mamie</u> : Que c'est agréable que vous soyez tous là !

Paul, as-tu l'album photo ? Regarde, c'est moi avec papi sur cette photo.

Et sais-tu qui sont ces gens-là ? Non ? Ce sont tante Marijke et oncle Joop.

<u>Paul</u> : Et est-ce notre cousin Erik, là-bas ?

<u>Mamie</u> : Oui, c'est exact. Et elle, c'est ta cousine, Anja.

<u>Paul</u> : N'ont-ils pas une fille de 8 ans ?

<u>Mamie</u> : Elle a déjà 9 ans. C'est une jeune fille joyeuse !

<u>Paul</u> : Et qui est-ce ?

<u>Mamie</u> : C'est Tom, le fils d'Ingrid et Ivo. Il a 13 ans.

<u>Paul</u> : Et cette photo, est-ce ton père et ta mère ?

<u>Mamie</u> : Non, ces sont mes grands-parents.

<u>Paul</u> : Ils ont l'air sérieux !

<u>Mamie</u> : Regarde, sur cette photo, ces sont mes quatre enfants et quatorze petits-enfants. Belles photos, n'est-ce pas ?

<u>Paul</u> : Eh ben, tu as une bien jolie petite famille !

HET FAMILIEALBUM

Oma: Wat fijn dat jullie er allemaal zijn!

Paul, heb jij het fotoalbum? Kijk, op die foto sta ik met opa.

En weet je wie dat zijn? Nee? Dat zijn tante Marijke en oom Joop.

Paul: En zie ik daar onze neef Erik?

Oma: Ja, dat klopt. En dat is je nicht, Anja.

Paul: Hebben zij niet een dochter van acht?

Oma: Ze is al negen jaar. Het is een vrolijk meisje!

Paul: En wie is dat?

Oma: Dat is Tom, de zoon van Ingrid en Ivo. Hij is dertien.

Paul: En is die foto van je vader en moeder?

Oma: Nee, dat zijn mijn grootouders.

Paul: Wat kijken ze ernstig!

Oma: Kijk, op die foto staan mijn vier kinderen en veertien kleinkinderen. Mooie foto's hè!

Paul: Nou, je hebt een schattige familie!

COMPRENDRE LE DIALOGUE
QUELQUES FORMULES ET EXPRESSIONS

→ **En zie ik daar onze neef Erik?** *Et est-ce notre cousin Erik, là-bas ?* litt. « et vois-je là notre cousin Erik ».
→ **Hebben zij niet een dochter van acht?** *N'ont-ils pas une fille de 8 ans ?* En néerlandais, l'emploi de **jaar** *an* est facultatif.
→ **Het is een vrolijk meisje!** *C'est une jeune fille joyeuse !* Le nom **het meisje** *(jeune) fille*, *fillette* n'existe que sous la forme du diminutif.
→ **Wat kijken ze ernstig!** *Ils ont l'air sérieux !* litt. « que regardent-ils sérieusement ». En néerlandais, la forme de l'adjectif et de l'adverbe est identique.
→ **(…) mijn vier kinderen** *(…) mes quatre enfants*. Le nom **het kind** *l'enfant* connaît un pluriel irrégulier.
→ **Mooie foto's hè!** *Belles photos, n'est-ce pas ?* **Foto's** : pour conserver la prononciation longue de la voyelle, il est nécessaire d'ajouter une apostrophe devant la marque du pluriel en **-s**.
→ **Je hebt een schattige familie!** *Tu as une bien jolie petite famille !* litt. « tu as une mignonne famille ».

SPÉCIFICITÉS NÉERLANDAISES

Tout comme en français, les adjectifs **groot** et **klein** sont utilisés dans les termes les *grands-parents* et les *petits-enfants*. Dans le langage courant, on appelle **grootvader** *grand-père* « **opa** *papi* » et **grootmoeder** *grand-mère* « **oma** *mamie* ».
En néerlandais, le nom **neef** peut avoir le sens de *cousin* ou *neveu*, tout comme **nicht** peut signifier *cousine* ou *nièce*. Laissez-vous guider par le contexte pour trouver la bonne traduction.
Notez qu'en néerlandais, les noms indiquant les personnes sont toujours du genre commun, sauf **het meisje** et **het kind**.

◆ GRAMMAIRE
LES PRONOMS PERSONNELS SUJETS ACCENTUÉS

Les formes en **-ij** sont les formes accentuées du pronom personnel sujet, sauf pour la forme unique **hij**. Ils s'utilisent pour faire ressortir le pronom. D'autre part, ils portent l'accent tonique lors de la prononciation.

		Singulier		Pluriel
1re personne	**ik**	*je*	**wij**	*nous*
2e personne	**jij**	*tu*	**jullie**	*vous* (tutoiement pluriel)
	u	*vous* (pronom de politesse pour une ou plusieurs personnes)		
3e personne	**hij**	*il*	**zij**	*ils, elles*
	zij	*elle*		

L'INVERSION

En cas d'inversion du verbe et du sujet **je** *tu* le **-t** de la conjugaison est supprimé, sauf pour les verbes dont le radical se termine déjà par un **-t** :

je, jij heb**t**/heb je, jij	je, jij heet/heet je, jij
je, jij zie**t**/zie je, jij	je, jij weet/weet je, jij

LES NOMBRES CARDINAUX DE 1 À 19

08

De 13 à 19, on indique d'abord l'unité, puis la dizaine.
Notez les irrégularités suivantes :
3 = **drie**, mais 13 = **dertien** et 4 = **vier**, mais 14 = **veertien**.

1	een	6	zes	11	elf	16	zestien
2	twee	7	zeven	12	twaalf	17	zeventien
3	drie	8	acht	13	dertien	18	achttien
4	vier	9	negen	14	veertien	19	negentien
5	vijf	10	tien	15	vijftien		

L'ADJECTIF (SUITE)

L'adjectif épithète ne prend pas de **-e** final lorsqu'il est suivi d'un nom indéfini au singulier du genre neutre (**het**) : **een schattig meisje / een vers visje**.
Mais attention, lorsque le nom est défini ou au pluriel, il convient d'ajouter un **-e** final :
het vrolijke meisje / (de) vrolijke meisjes
het verse visje / (de) verse visjes

● EXERCICES

1. ÉCRIVEZ CES NOMBRES/CHIFFRES EN TOUTES LETTRES :

a. 4 → .... d. 18 → ....

b. 14 → .... e. 3 → ....

c. 8 → .... f. 13 → ....

2. TRADUISEZ LES PHRASES SUIVANTES :

a. Zij hebben een dochter van zestien en een zoon van elf.
→ ....

b. Op die foto staan mijn opa en oma.
→ ....

c. Wat een schattig kind!
→ ....

d. Heb jij al kleinkinderen? Ja, ik ben al grootmoeder.
→ ....

3. CHOISISSEZ LA BONNE FORME DE L'ADJECTIF.

a. een groot/grote huis   c. een leuk/leuke café

b. het groot/grote huis   d. het leuk/leuke café

● VOCABULAIRE

het familiealbum *l'album de famille*
de oma *la mamie*
fijn *agréable*
dat *que*
allemaal *tous*
het fotoalbum *l'album photo*
kijken *regarder*
de foto *la photo*
de opa *le papi*
weten *savoir*
wie? *qui ?*
de tante *la tante*
de oom *l'oncle*
onze *notre, nos*
de neef *le cousin, le neveu*
kloppen *être exact/e*
de nicht *la cousine, la nièce*
de dochter *la fille*
van *de*
acht *huit*
negen *neuf*
het jaar *l'an, l'année*
vrolijk *joyeux/-se*
het meisje *la (jeune) fille, la fillette*
de zoon *le fils*
dertien *treize*
de vader *le père*
de moeder *la mère*
de grootouder *le grand-parent*
ernstig *sérieusement*
het kind *l'enfant*
veertien *quatorze*
het kleinkind *le petit-enfant*

mooi *beau/belle*
hè! *n'est-ce-pas ?*
schattig *mignon/ne*
de familie *la famille*

4. VRAI OU FAUX ? ÉCOUTEZ L'ENREGISTREMENT ET COCHEZ *WAAR* VRAI / *NIET WAAR* FAUX.

08

	WAAR	NIET WAAR
a. Hij kijkt ernstig, maar zij kijkt vrolijk.		
b. Onze neef Tom is negentien en onze nicht is vijftien.		
c. Op die foto staan mijn twaalf kleinkinderen.		
d. Heb jij al een dochter van zeventien?		
e. Heeft zij een broer en een zus?		

7.
AU TÉLÉPHONE

AAN DE TELEFOON

OBJECTIFS

- UTILISER QUELQUES FORMULES STANDARD AU TÉLÉPHONE
- COMPRENDRE L'USAGE DU DIMINUTIF
- FORMULER DES QUESTIONS

NOTIONS

- LA FORME INTERROGATIVE
- LES PRONOMS INTERROGATIFS
- LES NOMBRES CARDINAUX DE 20 À 102

AU TÉLÉPHONE

Dring, dring…

Margot : Margot à l'appareil.

Ben : Salut, c'est Ben. Est-ce que Julia est là ?

Margot : Non, elle n'est pas là.

Ben : Sais-tu où elle est ?

Margot : Non, aucune idée !

Ben : Eh, et quand sera-t-elle de retour ?

Margot : Ça, je ne le sais pas non plus.

Ben : Et que fait-elle tout à l'heure ?

Margot : Pourquoi veux-tu savoir cela ?

Ben : Je veux l'inviter.

Margot : Oh, d'accord ! Tu peux la joindre sur son portable, au (numéro) 09 45 98 36 72.

Ben : Et je veux aussi lui envoyer un bouquet de fleurs. Quelle est son adresse ?

Margot : Naardenstraat 59, Maastricht. Le code postal est 1933 WH.

Ben : Merci et au revoir.

Dring, dring…

Vriesman : Vriesman à l'appareil.

Ben : Pardon, qui est à l'appareil ?

Vriesman : Madame Vriesman.

Ben : Oh, je me suis alors trompé de numéro. Excusez-moi.

Dring, dring…

Julia : Vous êtes bien sur le répondeur de Julia. Je ne suis pas là pour l'instant, mais laissez-moi un message après le bip.

09   **AAN DE TELEFOON**

Tring, tring …

<u>Margot</u>: Met Margot.

<u>Ben</u>: Ja hallo met Ben. Is Julia thuis?

<u>Margot</u>: Nee, ze is er niet.

<u>Ben</u>: Weet je waar ze is?

<u>Margot</u>: Nee, geen idee!

<u>Ben</u>: Eh, en wanneer is ze terug?

<u>Margot</u>: Dat weet ik ook niet.

<u>Ben</u>: En wat doet ze straks?

<u>Margot</u>: Waarom wil je dat weten?

<u>Ben</u>: Ik wil haar uitnodigen.

<u>Margot</u>: O, oké! Je kunt haar bereiken op haar mobieltje, op nummer 09 45 98 36 72.

<u>Ben</u>: En ik wil haar ook een bosje bloemen sturen. Wat is het adres?

<u>Margot</u>: Naardenstraat 59, Maastricht. De postcode is 1933 WH.

<u>Ben</u>: Bedankt en tot ziens.

Tring, tring …

<u>Vriesman</u>: Met Vriesman.

<u>Ben</u>: Pardon, met wie spreek ik?

<u>Vriesman</u>: Met mevrouw Vriesman.

<u>Ben</u>: O, dan ben ik verkeerd verbonden. Neemt u me niet kwalijk.

Tring, tring …

<u>Julia</u>: Dit is het antwoordapparaat van Julia. Ik ben momenteel niet thuis, maar spreek een boodschap in na de piep.

■ COMPRENDRE LE DIALOGUE
QUELQUES FORMULES ET EXPRESSIONS

→ **Ja hallo met Ben** *Oui, salut, c'est Ben (à l'appareil)* litt. « oui allô avec Ben ».

09 45 98 36 72. Les Néerlandais ont tendance à dire les numéros de téléphone chiffre par chiffre : **nul negen vier vijf negen acht drie zes zeven twee**.

→ L'usage du diminutif est très fréquent en néerlandais. Il peut faire référence à la petite taille ou exprimer une affinité. Dans ce dialogue, vous en trouverez deux : **een bos(je) bloemen** *un bouquet de fleurs*, et **mobieltje** *(téléphone) portable*.

→ **(...) ben ik verkeerd verbonden** *je me suis trompé de numéro* litt. « je suis mal connecté ».

→ **Neemt u me niet kwalijk** *Excuse(z)-moi* litt. « ne le prends/prenez pas mal ».

→ **(...) spreek een boodschap in na de piep** *laisse(z)-moi un message après le bip*. Le verbe **inspreken** *parler, enregistrer* est un verbe à particule séparable. Nous y reviendrons.

SPÉCIFICITÉS NÉERLANDAISES

Ce dialogue permet de découvrir quelques formules standard au téléphone. Contrairement à la France, aux Pays-Bas, la personne qui décroche le téléphone se présente avec son prénom ou nom de famille, précédé de **met** *avec*. La personne qui appelle, elle, se présentera après.

Le système du code postal néerlandais est très précis. Il comporte quatre chiffres, une espace et deux lettres. Les chiffres font référence à la ville ou à un quartier. Les lettres spécifient la rue ou une partie de celle-ci. Il est rare que deux villes aient les mêmes chiffres. Notez qu'aux Pays-Bas, le numéro de l'habitation suit le nom de la rue.

◆ GRAMMAIRE
LA FORME INTERROGATIVE

Vous avez déjà vu que pour formuler une question sans pronom interrogatif, il convient de commencer par le verbe conjugué, suivi du nom ou du pronom personnel.

Pour formuler une question avec un pronom interrogatif, il convient – dans une phrase interrogative simple – de commencer par le pronom, suivi du verbe conjugué, puis le sujet :
Wanneer is ze terug? *Quand sera-t-elle de retour ?* / **Wat doet ze straks?** *Que fait-elle tout à l'heure ?* / **Waarom wil je dat weten?** *Pourquoi veux-tu savoir cela ?*

LES PRONOMS INTERROGATIFS

Voici quelques pronoms interrogatifs :
waar *où* ; **wat** *que/quoi/quel* ; **wanneer** *quand* ; **waarom** *pourquoi*.

LES NOMBRES CARDINAUX DE 20 À 102

De 21 à 99, comme pour les nombres de 13 à 19 (vu au module précédent), on indique aussi l'unité en premier lieu et ensuite la dizaine, sauf que l'on intercale **en** entre les deux : 21 **een**en**twintig**.
Notez les irrégularités suivantes : 3 = **drie**, mais 30 = **dertig** ; 4 = **vier**, mais 40 = **veertig** ; 18 = **achttien**, mais 80 = **tachtig**.

20	twintig	30	dertig
21	eenentwintig	40	veertig
22	tweeëntwintig	50	vijftig
23	drieëntwintig	60	zestig
24	vierentwintig	70	zeventig
25	vijfentwintig	80	tachtig
26	zesentwintig	90	negentig
27	zevenentwintig	100	honderd
28	achtentwintig	101	honderdeen
29	negenentwintig	102	honderdtwee

◆ EXERCICES

1. ÉCRIVEZ CES NOMBRES EN TOUTES LETTRES :
a. 88 → .... d. 28 → ....

b. 49 → .... e. 99 → ....

c. 36 → .... f. 101 → ....

2. COMPLÉTEZ LES PHRASES SUIVANTES AVEC LE PRONOM INTERROGATIF ADAPTÉ :
a. .... werkt de buurvrouw? (*où*)

b. .... wonen jullie in een huis op de dijk? (*pourquoi*)

c. .... begint de kaasproeverij? (*quand*)

d. .... is je naam? (*quel*)

e. .... doe je straks? (*que*)

3. TRADUISEZ LES PHRASES SUIVANTES :
a. Goedemorgen, met meneer Hans. Is je vader thuis?
→ ....

b. Neemt u me niet kwalijk. Ik ben verkeerd verbonden.
→ ....

c. Je kunt haar bereiken op haar mobiel.
→ ....

d. Hallo, met wie spreek ik?
→ ....

e. Dit is het antwoordapparaat van Ivo. Spreek een boodschap in na de piep.
→ ....

🔊 4. ÉCOUTEZ L'ENREGISTREMENT POUR COMPLÉTER CES PHRASES :
09

a. Hebben zij niet een .... van .... en een .... van ....? Ja, dat klopt.

b. .... doet ze ....? ....

c. Wat .... drinken? Ik .... een glas .... En jij?

d. Zullen we .... gaan? Ja, ... idee!

e. Sorry, hij is ....

● VOCABULAIRE

de telefoon *le téléphone*
er *là*
geen idee! *aucune idée !*
wanneer *quand*
terug *de retour*
waarom? *pourquoi ?*
haar *la*
uitnodigen *inviter*
oké *d'accord*
bereiken *joindre*
de mobiel *le (téléphone) portable*
de bos *le bouquet*
de bloem *la fleur*
sturen *envoyer*
het adres *l'adresse*
de postcode *le code postal*
pardon *pardon*
met wie spreek ik? *qui est à l'appareil ?*
verkeerd verbonden *s'être trompé de numéro*
neemt u me niet kwalijk! *excusez-moi !*
het antwoordapparaat *le répondeur*
momenteel *pour l'instant*
inspreken *parler, enregistrer*
de boodschap *le message*
na *après*
de piep *le bip*

II LA VIE QUOTIDIENNE

8. UNE NOUVELLE CARTE D'IDENTITÉ

EEN NIEUWE IDENTITEITSKAART

OBJECTIFS	NOTIONS
- FIXER UNE DATE - DEMANDER ET DONNER L'ÂGE - POSER DES QUESTIONS SUR L'IDENTITÉ ET RÉPONDRE	- EXPRESSIONS : *NODIG HEBBEN* AVOIR BESOIN DE ET *EEN AFSPRAAK MAKEN* PRENDRE RENDEZ-VOUS - LES JOURS DE LA SEMAINE - LA STRUCTURE *OM TE* AFIN DE, POUR - LA NÉGATION - LES CONSONNES FINALES *-V* ET *-Z* - LE PRÉSENT DE L'INDICATIF DES VERBES DE TYPE *GEVEN* DONNER ET *REIZEN* VOYAGER

UNE NOUVELLE CARTE D'IDENTITÉ

Lisa : J'ai besoin d'une nouvelle carte d'identité.

Fonctionnaire municipal : Vous devez d'abord prendre rendez-vous. J'ai de la place le 6 octobre.

Lisa : Je ne peux pas le lundi. Mardi 7 novembre, c'est possible ?

Fonctionnaire : Oui, c'est possible. Je note la date et je vous donne déjà le formulaire.

Lisa : Est-ce que mes enfants ont également besoin d'une carte ?

Fonctionnaire : Quel âge ont-ils ?

Lisa : Ils ont 15 et 17 ans.

Fonctionnaire : Ils ont besoin de leur propre carte pour pouvoir voyager à l'étranger.

Lisa : Donnez-moi alors trois formulaires s'il vous plaît.

Le 7 novembre

Lisa : Je viens chercher nos cartes.

Fonctionnaire : Quel est votre nom ?

Lisa : Lisa Vos.

Fonctionnaire : Un instant(-petit), j'allume l'ordinateur… Vous ne figurez pas dans le fichier. Par contre, le nom d'Elisabeth Vos y est.

Lisa : Que je suis bête (que bête de moi) ! C'est moi !

10 — EEN NIEUWE IDENTITEITSKAART

Lisa: Ik heb een nieuwe identiteitskaart nodig.

Gemeenteambtenaar: U moet eerst een afspraak maken. Ik heb plaats op 6 oktober.

Lisa: Ik kan niet op maandag. Dinsdag 7 november, is dat mogelijk?

Gemeenteambtenaar: Ja, dat kan. Ik noteer de datum en geef u vast het formulier.

Lisa: Hebben mijn kinderen ook een kaart nodig?

Gemeenteambtenaar: Hoe oud zijn ze?

Lisa: Ze zijn 15 en 17.

Gemeenteambtenaar: Ze hebben hun eigen kaart nodig om naar het buitenland te kunnen reizen.

Lisa: Geeft u mij dan maar drie formulieren.

7 november

Lisa: Ik kom onze kaarten ophalen.

Gemeenteambtenaar: Wat is uw naam?

Lisa: Lisa Vos.

Gemeenteambtenaar: Een momentje, ik doe de computer aan... U staat niet in het bestand. Ik zie wel een Elisabeth Vos.

Lisa: Wat dom van me! Dat ben ik!

COMPRENDRE LE DIALOGUE
QUELQUES FORMULES ET EXPRESSIONS

→ Dans la phrase **Ik heb een nieuwe identiteitskaart nodig** *J'ai besoin d'une nouvelle carte d'identité* on trouve l'expression **nodig hebben** *avoir besoin de*. Notez que le complément se place entre le verbe et l'adverbe **nodig**, rejeté en fin de phrase.

→ **U moet eerst een afspraak maken** *Vous devez d'abord prendre rendez-vous.* Le verbe **maken** *faire* dont le premier sens est *créer, construire, réparer*, se trouve également dans de nombreuses expressions, comme ici **een afspraak maken** *prendre rendez-vous*.

→ La préposition **op** *sur* s'utilise devant une date ou un jour : **op 6 oktober** *le 6 octobre* ; **op maandag** *le lundi*.

→ Les jours de la semaine se terminent tous par **-dag** : **maandag** *lundi*, **dinsdag** *mardi*, **woensdag** *mercredi*, **donderdag** *jeudi*, **vrijdag** *vendredi*, **zaterdag** *samedi*, **zondag** *dimanche*.

→ **Hoe oud?** *Quel âge ?* litt. « comment vieux ». Contrairement au français, le verbe pour indiquer l'âge en néerlandais est **zijn**, *être* : **Hoe oud zijn ze?** *Quel âge ont-ils ?* **Ze zijn 15 en 17** *Ils ont 15 et 17 ans.*

→ **Ze hebben hun eigen kaart nodig om naar het buitenland te kunnen reizen** *Ils ont besoin de leur propre carte pour pouvoir voyager à l'étranger.* La conjonction **om** introduit ici une subordonnée circonstancielle de but. Elle est suivie d'un ou plusieurs compléments et /**te** + infinitif/ en fin de phrase. La structure /**om** + **te** + inf./ est traduite par *pour, afin de*.

→ La préposition **naar** à litt. « vers » est employée pour exprimer l'endroit vers lequel on se dirige.

→ Les adverbes de modalité sont souvent combinés entre eux, mais il faut respecter un certain ordre : ici **dan maar** *alors, s'il vous plaît*. **Geeft u mij dan maar drie formulieren**, *Donnez-moi <u>alors</u> trois formulaires <u>s'il vous plaît</u>.*

→ Dans la phrase **Ik doe de computer aan** *J'allume l'ordinateur* se trouve le verbe séparable **aandoen** *allumer*.

SPÉCIFICITÉS NÉERLANDAISES

Le nom de baptême donnait auparavant lieu au prénom usuel. Ce dernier ne fait pas forcément partie des noms officiels donnés à la naissance, mais il s'utilise fréquemment comme petit nom : le prénom **Elisabeth** peut alors devenir **Bettie**, **Elisa**, **Ella**, **Els**, **Elles**, **Elsbeth**, **Ilse**, **Lies**, **Liesbeth**, **Lizzy** ou encore **Lisa**. De ce fait, le ou les prénoms officiels figurant sur la carte d'identité ou le passeport, s'utilise(nt) très peu dans la vie courante.

◆ GRAMMAIRE
LA NÉGATION

Il existe deux négations en néerlandais : **niet** et **geen** *ne… pas*. Nous reviendrons sur **geen** dans le module 13.

Vous avez déjà rencontré **niet**, qui se place :

• juste devant l'adjectif ou l'adverbe, si la négation porte sur ces derniers : **hij is niet lief** *il n'est pas gentil* ; **ze is niet erg groot** *elle n'est pas très grande* ;

• en règle générale, devant le complément, lorsque celui-ci est introduit par une préposition :
ik kan niet op maandag *je ne peux pas le lundi* ; **u staat niet in het bestand** *vous ne figurez pas dans le fichier* ;

• après le complément direct et si possible en fin de phrase, si la négation porte sur la phrase entière :
ze is er niet *elle n'est pas là* ; **dat weet ik ook niet** *je ne le sais pas non plus*.
Lorsqu'on veut former un contraste avec **niet**, on a souvent recours à l'adverbe **wel** *bien*, comme dans la phrase qui suit :
U staat niet in het bestand. Ik zie wel een Elisabeth Vos *Vous ne figurez pas dans le fichier. Par contre, le nom d'Elisabeth Vos y est* litt. « je vois bien un Elisabeth Vos ».

✷ ORTHOGRAPHE
LES CONSONNES FINALES *-V* ET *-Z*

En néerlandais, les consonnes **-v** ou **-z** ne peuvent se trouver en position finale. Si c'est le cas, alors la consonne finale **-v** est remplacée par un **-f** et la consonne finale **-z** est remplacée par un **-s**. Nous l'illustrons dans le paragraphe suivant à l'aide des verbes **geven** *donner* et **reizen** *voyager*, mais cette règle ne se limite pas qu'aux verbes.

▲ CONJUGAISON
LE PRÉSENT DE L'INDICATIF DES VERBES DE TYPE *GEVEN* DONNER ET *REIZEN* VOYAGER

Souvenez-vous qu'il faut enlever la terminaison **-en** pour obtenir la 1re personne du singulier :

    geven → **gev**

Ensuite, il convient de doubler la voyelle afin de préserver la prononciation longue de celle-ci :

gev → geev

Et pour finir, nous appliquons la règle d'orthographe expliquée au paragraphe précédent, qui requiert le changement de **-v** en **-f** :

geev → geef

Le verbe **reizen** *voyager* suit le même schéma, mais il n'est pas nécessaire de doubler la voyelle, étant donné qu'il s'agit d'une diphtongue.

	geven	*donner*	**reizen**	*voyager*
ik	**geef**	*donne*	**reis**	*voyage*
je, u	**geeft**	*donnes*	**reist**	*voyages*
hij, ze	**geeft**	*donne*	**reist**	*voyage*
we	**geven**	*donnons*	**reizen**	*voyageons*
jullie	**geven**	*donnez*	**reizen**	*voyagez*
ze	**geven**	*donnent*	**reizen**	*voyagent*

◆ EXERCICES

1. RELIEZ LE PRÉNOM USUEL AU PRÉNOM OFFICIEL QUI LUI CORRESPOND.

a. Willie (féminin) •   • 1. Beatrix

b. Julia •   • 2. Alexander

c. Bea •   • 3. Wilhelmina

d. Xander •   • 4. Juliana

2. CHOISISSEZ LA BONNE PRÉPOSITION ET TRANSFORMEZ ENSUITE LA PHRASE EN NÉGATION.

a. U staat in/op de lijst.

→ ....

b. Ik zie je naam in/op het bestand.

→ ....

c. We kunnen in/op donderdag.

→ ....

d. Ze reizen in/op 3 maart naar/op het buitenland.

→ ....

VOCABULAIRE

de identiteitskaart *la carte d'identité*
nodig hebben *avoir besoin*
de gemeenteambtenaar *le fonctionnaire municipal*
moeten *devoir* (v.)
eerst *d'abord*
de afspraak *le rendez-vous*
een afspraak maken *prendre rendez-vous*
de plaats *la place* (créneau, espace)
plaats hebben *avoir de la place*
oktober (de) *octobre*
maandag (de) *lundi*
dinsdag (de) *mardi*
november (de) *novembre*
mogelijk *possible*
dat kan *c'est possible*
noteren *noter*
de datum *la date*
geven *donner*
vast *déjà*
het formulier *le formulaire*
de kaart *la carte*
hoe oud? *quel âge ?*
oud *vieux / vieille*
hun *leur, leurs*
eigen *propre* (à soi)
om ... te *afin de, pour*
naar *vers, à*
het buitenland *l'étranger* (pays)
reizen *voyager*
ophalen *chercher* (emporter)
het moment *l'instant, le moment*
aandoen *allumer*
het bestand *le fichier*
de computer *l'ordinateur*
wel *bien*
dom *bête, stupide*
me *me, moi*
maken *créer, construire, réparer*
woensdag (de) *mercredi*
donderdag (de) *jeudi*
vrijdag (de) *vendredi*
zaterdag (de) *samedi*
zondag (de) *dimanche*
geen *ne... pas*
lezen *lire*
de krant *le journal*
vaak *souvent*

3. COMPLÉTEZ À L'AIDE DE LA BONNE FORME DU VERBE DONNÉ ENTRE PARENTHÈSES.

a. Ik (geven) .... u een nieuwe identiteitskaart.

b. Hij (lezen) (*lire*) .... de krant (*journal*).

c. Ze (sing.) (reizen) .... niet vaak (*souvent*).

d. (geven) .... u mij dan maar drie tulpen.

4. I) AVANT D'ÉCOUTER L'ENREGISTREMENT DE CET EXERCICE, LISEZ LES ÉLÉMENTS SUIVANTS : *EEN AFSPRAAK MAKEN, DAN MAAR, HEEFT NODIG, HOE OUD, KOMEN, OPHALEN.* ÉCOUTEZ ENSUITE LE CORRIGÉ PUIS LA SUITE DE L'ENREGISTREMENT DE CET EXERCICE.

II) COMPLÉTEZ LES PHRASES AVEC LES MOTS ADÉQUATS DE LA LISTE CI-DESSUS ET LISEZ À HAUTE VOIX CHAQUE PHRASE. ENFIN, RÉÉCOUTEZ L'ENREGISTREMENT.

a. .... zijn je kinderen?

b. Jullie moeten eerst ....

c. We .... onze kaarten ....

d. Doe .... twee ons bessen!

e. Hij .... een nieuwe rekenmachine ....

9. LES ACTIVITÉS DE LA JOURNÉE

DAGELIJKSE BEZIGHEDEN

OBJECTIFS	NOTIONS
- DEMANDER ET DONNER L'HEURE - SPÉCIFIER LES MOMENTS DE LA JOURNÉE - EXPRIMER SES ENVIES À L'AIDE DE LA STRUCTURE *ZIN HEBBEN OM TE* AVOIR ENVIE DE	- DIRE L'HEURE - LE PRÉSENT DE L'INDICATIF DES VERBES DE TYPE *GAAN* ALLER ET *DOEN* FAIRE

QUELLE HEURE EST-IL ?

Emma : Quelle heure est-il ?

Bram : Il est 2 heures.

Emma : De l'après-midi ou du matin (de la nuit) ?

Bram : De l'après-midi bien sûr ! Je vais manger (tirer du mur) une croquette(-petite).

Emma : Je reste au lit. Tu y vas en tram ?

Bram : Non, j'y vais à vélo et avec le bac sur le [fleuve] IJ.

Emma : Si loin ? À quelle heure seras-tu (es) de retour ?

Bram : À environ 5 heures. Il est (maintenant) déjà 2 heures 10. Tu ne te lèves pas ?

Emma : Dans un petit quart d'heure. Par contre, j'ai faim et envie de (d'une) frites(-petite) avec de la mayonnaise.

Bram : Tu sais quoi ? Tu te lèves, tu mets ton jogging et tu m'accompagnes.

Emma : J'ai envie de rester au lit.

Bram : Paresseuse ! Tu vas rester au lit jusqu'à six heures et demie ce soir ?

HOE LAAT IS HET?

Emma: Hoe laat is het?

Bram: Het is twee uur.

Emma: 's Middags of 's nachts?

Bram: 's Middags natuurlijk! Ik ga een kroketje uit de muur trekken.

Emma: Ik blijf in bed. Ga je met de tram?

Bram: Nee, ik ga op de fiets en met de pont over het IJ.

Emma: Zo ver? Hoe laat ben je terug?

Bram: Om ongeveer vijf uur. Het is nu al tien over twee. Sta je niet op?

Emma: Over een kwartiertje. Ik heb wel honger en zin in een patatje met mayo.

Bram: Weet je wat? Je staat op, doet je joggingpak aan en je gaat mee.

Emma: Ik heb zin om in bed te blijven.

Bram: Luiwammes! Blijf je in bed tot half zeven vanavond?

■ COMPRENDRE LE DIALOGUE
QUELQUES FORMULES ET EXPRESSIONS

→ On utilise l'interrogatif **hoe** + **laat** litt. « combien tard » pour demander l'heure : **Hoe laat is het?** *Quelle heure est-il ?* La réponse se forme avec **Het is ...** *Il est...*

→ Notez que **uur** s'emploie uniquement pour les heures entières et que, contrairement au français, il reste au singulier après un nombre : **Het is twee uur** *Il est 2 heures.*

→ **'s Middags of 's nachts?** *De l'après-midi ou du matin (de la nuit) ?* Pour indiquer l'heure dans le langage courant, on compte de 1 à 12 et on précise, si nécessaire, le moment de la journée à l'aide des expressions **'s nachts** *de la nuit* ; **'s ochtends / 's morgens** *du matin* ; **'s middags** *de l'après-midi* ; **'s avonds** *du soir* :

    Het is twee uur 's middags *Il est 2 heures de l'après-midi.*
    Het is twee uur 's nachts *Il est 2 heures du matin.*

→ L'apostrophe **s** et le **s** final sont d'anciens génitifs figés et se prononcent d'un seul trait. Notez que le **'s** en tête de phrase ne prend jamais de majuscule. Cette dernière est placée au début du mot suivant.

→ Si la précision du moment de la journée est essentielle, par exemple pour les horaires d'avion, il suffit de dire l'heure de façon numérique :

    Het is eenentwintig uur zestien *Il est 21 h 16.*
    Het is negen uur achttien *Il est 9 h 18.*

→ La préposition employée pour les moyens de locomotion varie en fonction du moyen de transport : **met de tram** *en tram* litt. « avec le tramway » ; **op de fiets** *à vélo* litt. « sur le vélo » ; **met de pont** *avec le bac.*

→ La préposition **om** à accompagne l'heure : **om (...) vijf uur** *à (...) 5 heures.*

→ Dans la phrase **Sta je niet op?** *Tu ne te lèves pas ?* se trouve le verbe à particule séparable **opstaan** *se lever.* On trouve d'autres verbes à particule dans ce dialogue, dont **aandoen** *mettre* et **meegaan** *accompagner* : **(...) doet je joggingpak aan en je gaat mee** *(...) tu mets ton jogging et tu m'accompagnes.* Nous y reviendrons dans le module 16.

→ **Over een kwartiertje** *Dans un (petit) quart d'heure.* Ne confondez pas **het kwartier** *le quart d'heure* avec **het kwart** *le quart.*

→ **Ik heb (...) zin in een patatje met mayo** *J'ai (...) envie de frites* litt. « une petite frite » *avec de la mayonnaise.* L'abréviation **mayo** pour **mayonaise** *mayonnaise* est fréquente dans le langage courant. Ne confondez pas la structure /**zin hebben in** + nom/ *avoir envie de* + nom, avec la structure /**zin hebben om** + te + infinitif/ *avoir envie de* + infinitif : **Ik heb zin om in bed te blijven** *J'ai envie de rester au lit.* Notez que /**te** *de* + infinitif/ est rejeté en fin de phrase.

SPÉCIFICITÉS NÉERLANDAISES

(…) **een kroketje uit de muur trekken** (…) *manger une croquette* litt. « une petite croquette du mur tirer ». Une **kroket** *croquette* est un petit rouleau de viande pané et frit dont la plupart des Néerlandais raffolent et qui est vendu au comptoir des snack-bars ou aux distributeurs automatiques accrochés aux murs près des snack-bars, d'où l'expression.

(…) **over het IJ** *sur le [fleuve] IJ*. Le fleuve **IJ**, séparant le nord d'**Amsterdam** du centre, faisait autrefois partie de la baie du **Zuiderzee**, transformé en lac d'eau douce, l'actuel **IJsselmeer**. Plusieurs bacs relient les rives nord et sud de l'**IJ**, notamment pour le transport des piétons et cyclistes, le **IJ-tunnel** *tunnel du IJ* étant réservé aux voitures.

DIRE L'HEURE

Visualisez un cadran et habituez-vous à la façon néerlandaise de donner l'heure ; on donne d'abord les minutes et ensuite l'heure.

Pour les 15 premières minutes après l'heure pile, utilisez **over** *après* :

Het is vijf (minuten*) over twee *Il est 2 h 05.*
Het is tien over twee *Il est 2 h 10.*
Het is kwart over twee *Il est deux heures et quart.*

* L'emploi du nom **minuten** est facultatif.

De 16 à 29, comptez les minutes qui vous <u>séparent</u> de la demie et utilisez la préposition **voor** *avant*. Attention, la demie est annoncée par rapport à l'heure à venir, et non l'heure en cours :

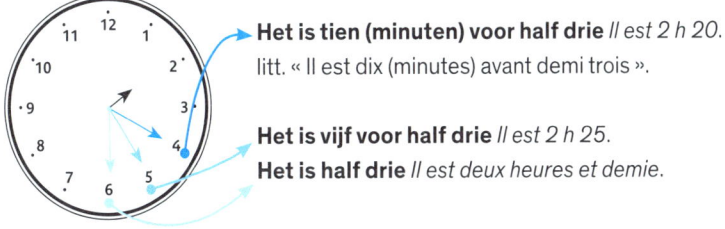

Het is tien (minuten) voor half drie *Il est 2 h 20.*
litt. « Il est dix (minutes) avant demi trois ».

Het is vijf voor half drie *Il est 2 h 25.*
Het is half drie *Il est deux heures et demie.*

Pour les 14 minutes après la demie, comptez les minutes qui vous éloignent de la demie, et utilisez **over** :

Het is tien over half drie
Il est trois heures moins vingt.

Het is vijf over half drie
Il est trois heures moins vingt-cinq.

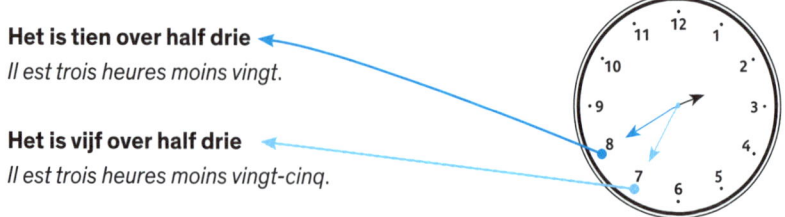

Pour les 15 minutes restantes, comptez les minutes qui vous séparent de l'heure à venir, et utilisez **voor** :

Het is vijf voor drie
Il est trois heures moins cinq.
Het is tien voor drie
Il est trois heures moins dix.
Het is kwart voor drie
Il est trois heures moins le quart.

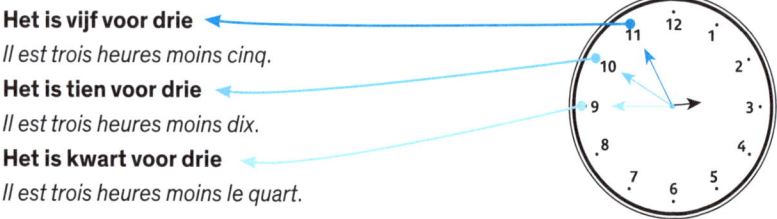

▲ CONJUGAISON
LE PRÉSENT DE L'INDICATIF DES VERBES DE TYPE *GAAN* ALLER ET *DOEN* FAIRE

La conjugaison au présent de l'indicatif des verbes de type **gaan** *aller* et **doen** *faire* est identique à la conjugaison des autres verbes réguliers, sauf qu'il suffit d'enlever le **n** final pour trouver la racine.

Souvenez-vous qu'en cas d'inversion du verbe et du sujet **je** *tu*, le **-t** de la conjugaison est supprimé, sauf pour les verbes dont le radical se termine déjà par un **-t**. Rappelez-vous aussi que pour conserver l'allongement de la voyelle longue **a**, il est indispensable de la doubler en syllabe fermée :

ik ga *je vais* ; **je, u gaat** *tu vas, vous allez* ; **ga je** *vas-tu* ; **hij gaat** *il va* ; **we gaan** *nous allons* ; **jullie gaan** *vous allez* ; **ze gaan** *ils vont*.
ik doe *je fais* ; **je, u doet** *tu fais, vous faites* ; **doe je** *fais-tu* ; **hij doet** *il fait* ; **we doen** *nous faisons* ; **jullie doen** *vous faites* ; **ze doen** *ils font*.

VOCABULAIRE

hoe laat is het? *quelle heure est-il ?*
het *il* (neutre)
het uur *l'heure*
's middags *de l'après-midi*
de middag *l'après-midi*
of *ou*
's nachts *du matin* (de la nuit)
de nacht *la nuit*
natuurlijk *bien sûr*
de kroket *la croquette*
trekken uit *tirer de*
de muur *le mur*
blijven *rester*
in bed *au lit*
het bed *le lit*
de tram *le tramway*
de fiets *le vélo*
op de fiets *à vélo*
de pont *le bac* (embarcation)
over *sur*
zo *si, tellement*
ver *loin*
om *à* (+ heure)
ongeveer *environ*
nu *maintenant*
over *et* (+ heure)
opstaan *se lever*
over *dans*
het kwartier *le quart d'heure*
de honger *la faim*
honger hebben *avoir faim*
de zin *l'envie*
zin hebben in *avoir envie de* (+ nom)
de patat *les frites*
de mayonaise *la mayonnaise*
aandoen *mettre*
het joggingpak *le jogging* (vêtement)
meegaan *accompagner*
zin hebben om + te *avoir envie de* (+ verbe)
de luiwammes *le/la paresseux/-se* (nom)
tot *jusqu'à*
vanavond *ce soir*
hoe *combien*
laat *tard*
's ochtends / 's morgens *du matin*
de ochtend *le matin*
de morgen *le matin*
's avonds *du soir*
de avond *le soir*
de IJ-tunnel *le tunnel du IJ*
de tunnel *le tunnel*
het kwart *le quart*
de minuut *la minute*
voor *moins* (+ heure)

◆ EXERCICES

1. DONNEZ L'HEURE DANS LES DEUX FORMATS, NUMÉRIQUE ET ANALOGIQUE, EN PRÉCISANT LE MOMENT DE LA JOURNÉE (REPORTEZ-VOUS AU MODULE 6 P. 65 ET AU MODULE 7 P. 73 POUR REVOIR LA FORMATION DES NOMBRES CARDINAUX).

a. 9:45 → Het is ....

b. 17:05 → ....

c. 3:15 → ....

d. 20:35 → ....

2. COMPLÉTEZ LES PHRASES SUIVANTES À L'AIDE DE LA BONNE PRÉPOSITION ET TRADUISEZ-LES :

a. Het is tien .... half negen. (2 possibilités)
   → ....

b. Zij heeft zin ....een glas witte wijn en hij .... een patatje .... mayonaise.
   → ....

c. We hebben zin .... het buitenland te gaan.
   → ....

d. De pont komt .... een kwartier.
   → ....

e. Ga je een kroketje .... de muur trekken?
   → ....

f. Hoe laat ben je terug? .... negen uur.
   → ....

g. Ze blijven .... bed .... tien uur.
   → ....

3. COMPLÉTEZ LES PHRASES SUIVANTES À L'AIDE DE LA BONNE FORME DU VERBE ENTRE PARENTHÈSES :

a. Ik .... (doen) mijn joggingpak aan en ik .... (gaan) mee.

b. .... (staan) Jasper niet op de lijst?

c. .... (gaan) u op de fiets of met de tram?

d. .... (blijven) je in bed tot twaalf uur of .... (staan) je nu op?

4. ÉCOUTEZ L'ENREGISTREMENT PUIS COMPLÉTEZ LES PHRASES ET LISEZ-LES À VOIX HAUTE. ENFIN, RÉÉCOUTEZ L'ENREGISTREMENT.

a. Het is .... 's middags.

b. Heb je ....?

c. Ze nemen .... over ....

d. Hij .... een .... uit de ....

e. Doe je ....

10.
UN E-MAIL D'EVA

EEN E-MAIL VAN EVA

OBJECTIFS	**NOTIONS**
- **RÉDIGER UN E-MAIL** - **UTILISER QUELQUES FORMULES STANDARD DE SALUTATION PAR ÉCRIT** - **PRENDRE DES NOUVELLES ET EN DONNER**	- **LES PRONOMS PERSONNELS OBJETS ACCENTUÉS** - **PAS DE CONSONNE IDENTIQUE EN FIN DE MOT** - **LE PRÉSENT DE L'INDICATIF DES VERBES DE TYPE *STOPPEN* ARRÊTER ET *BEGINNEN* COMMENCER**

UN E-MAIL D'EVA

Chère Tessa,

Un petit message de ma part avant que les vacances commencent.

J'ai beaucoup de choses à faire, mais je vais bien.

Mes frères vont très bien (parfait) aussi. Je ne les vois plus si souvent car ils commencent bientôt tous les deux (avec) leurs études.

Ma sœur va bien. Elle arrête ses études et lance sa propre entreprise. Elle veut prendre le risque (C'est un risque, mais elle veut le donner une chance) !

Mais comment tu vas, toi ? Et ton mari : comment va-t-il (avec lui) ? Et les enfants ? Comment vont-ils (avec eux) ?

J'espère que ta mère va (entre-temps) mieux à présent. Transmets-lui (la) mes amitiés !

Bon, donne-moi vite de tes nouvelles ! Et tu sais, vous êtes toujours les bienvenus chez nous.

Je t'embrasse (Chère),

Eva

12 EEN E-MAIL VAN EVA

Lieve Tessa,

Een kort berichtje van me, voordat de vakantie begint.

Ik heb het druk, maar alles is goed met mij.

Met mijn broers is het ook prima. Ik zie ze niet zo vaak meer, want ze beginnen binnenkort allebei met hun studie.

Met mijn zus is het oké. Zij stopt met haar studie en gaat een eigen bedrijf starten. Het is een risico, maar ze wil het een kans geven!

Maar hoe gaat het met jou? En met je man: hoe is het met hem? En de kinderen? Hoe gaat het met hen?

Ik hoop dat het inmiddels beter met je moeder gaat. Doe haar de groeten van me!

Nou, laat maar snel iets van je horen! En je weet, jullie zijn altijd welkom bij ons.

Liefs,

Eva

■ COMPRENDRE LE DIALOGUE
QUELQUES FORMULES ET EXPRESSIONS

→ **Lieve (…)** *cher, chère (…)* correspond à l'adjectif **lief** : souvenez-vous qu'un **-v** ne peut se trouver en position finale et que dans ce cas, la consonne finale **-v** est remplacée par un **-f**.

→ **Een kort berichtje van me** *Un petit message de ma part* litt. « un court message de me » : **me** *me* est un pronom personnel objet non accentué. Nous allons y revenir dans le module 15.

→ **de vakantie** *les vacances* s'emploie au singulier en néerlandais.

→ **Ik heb het druk** *J'ai beaucoup de choses à faire, Je suis occupé/e* litt. « j'ai le occupé » se construit avec le pronom impersonnel **het** *le, la, lui*.

→ **(…) alles is goed met mij** *(…) je vais bien* litt. « tout est bien avec moi ». On peut aussi dire **alles gaat goed met mij/me** ou **het gaat goed met mij/me** litt. « il va bien avec moi/me ». Le pronom personnel objet **mij** *me, moi* est la forme accentuée de **me** *me*. Nous reprenons ci-contre toutes les formes accentuées de ce pronom.

→ **Ik zie ze niet zo vaak meer** *Je ne les vois plus si souvent*. Retenez la négation **niet … meer** *ne… plus*.

→ **Ze beginnen (…) met hun studie** *Ils commencent leurs études*, **Zij stopt met haar studie** *Elle arrête ses études*. La préposition fixe **met** *avec* accompagne les verbes **beginnen** et **stoppen** lorsqu'ils sont suivis d'un complément.

→ **dat het (…) beter met je moeder gaat** *que ta mère va mieux (…)* : **beter** *mieux* est le comparatif irrégulier de **goed** *bien*.

SPÉCIFICITÉS NÉERLANDAISES

Commencez une lettre ou un e-mail informel/le par **Lieve** *Cher/s, Chère/s* lorsque vous vous adressez à la famille proche ou aux amis intimes. Dans les autres cas, optez pour **Beste** *Cher/s, Chère/s*.

Un courrier formel commence par **Geachte heer** litt. « estimé » *Monsieur* / **Geachte mevrouw** *Madame*. Pour s'adresser à un public : **Dames en heren** *Mesdames et messieurs*. Si vous avez commencé votre courrier par **Lieve**, il convient de terminer par **Liefs** *Ton, Ta, Tes, Votre, Cher/-ère/s, Je t'embrasse*, suivi de votre prénom. Si vous utilisez **Beste**, terminez plutôt par **Met vriendelijke groeten** *Amicalement* ou **Hartelijke groeten** *Cordialement, Chaleureusement* suivi de votre prénom.

Pour terminer un courrier formel, on utilise **Hoogachtend** litt. « hautement estimant » *Veuillez agréer… mes sentiments distingués*.

◆ GRAMMAIRE
LES PRONOMS PERSONNELS OBJETS ACCENTUÉS

Le pronom personnel objet peut être objet direct ou objet indirect (accompagné ou non d'une préposition).
Voici les formes accentuées :
mij *me*, *moi* ; **jou** *te*, *toi* ; **u** *vous* ; **hem** *le*, *la*, *lui* ; **haar** *la*, *lui* ; **het** *le*, *la*, *lui* ; **ons** *nous* ; **jullie** *vous* ; **hen** *les*, *eux*, *elles* / **hun** *leur*.

• **hem** peut désigner des personnes du sexe masculin ou des noms du genre commun :
Ik zie Hans *Je vois Hans* → **Ik zie hem** *Je le vois*.
Hoe gaat het met hem? *Comment va-t-il ?* litt. « comment va il avec lui »
Ik zie de krant *Je vois le journal* → **Ik zie hem** *Je le vois*.

• **haar** ne peut désigner que des personnes de sexe féminin :
Ik zie Eva *Je vois Eva* → **Ik zie haar** *Je la vois*.
Hoe gaat het met haar? *Comment va-t-elle ?* litt. « comment va il avec elle »

• **het** ne peut désigner que des noms du genre neutre ou est utilisé en tant que pronom impersonnel :
Ik zie het formulier *Je vois le formulaire* → **Ik zie het** *Je le vois*.
Ik wil het een kans geven *Je veux prendre le risque*.
Ik heb het druk *J'ai beaucoup de choses à faire, je suis occupé/e*.

• **hen / hun** :
hen doit être utilisé comme pronom objet direct ou objet indirect accompagné d'une préposition :
Ik zie hen niet *Je ne les vois pas*.
Hoe gaat het met hen? *Comment vont-ils/elles ?* litt. « comment va il avec eux »
hun doit être utilisé comme pronom objet indirect sans préposition :
Ik geef hun de krant *Je leur donne le journal*.
Ceci dit, beaucoup de Néerlandais se trompent et emploient souvent **hun** à la place de **hen**. Pour éviter les problèmes, vous pouvez, en langage parlé, remplacer **hen/hun** par le pronom non accentué **ze** *les* : **Ik zie ze niet zo vaak meer** *Je ne les vois plus si souvent*.

✳ ORTHOGRAPHE
PAS DE CONSONNE IDENTIQUE EN FIN DE MOT

Il ne peut y avoir de consonne identique en fin de mot. Nous illustrons cette règle d'orthographe à l'aide de la conjugaison des verbes **stoppen** *arrêter* et **beginnen** *commencer* ci-dessous.

▲ CONJUGAISON
LE PRÉSENT DE L'INDICATIF DES VERBES DE TYPE *STOPPEN* ARRÊTER ET *BEGINNEN* COMMENCER

La 1re personne du singulier se forme en enlevant la terminaison **-en** (ou **-n**) de l'infinitif. En faisant cela, on retire en même temps la consonne superflue, ce qui donne :
stoppen *arrêter* → **stop** et **beginnen** *commencer* → **begin**
ik stop ; je, u stopt / stop je ; hij, ze stopt ; we, jullie, ze stoppen
ik begin ; je, u begint / begin je ; hij, ze begint ; we, jullie, ze beginnen

⬢ EXERCICES

1. COMPLÉTEZ LES PHRASES À L'AIDE DE LA BONNE FORME DU VERBE ENTRE PARENTHÈSES.

a. .... (stoppen) je met je studie?

b. De vakantie .... (beginnen) vanavond.

c. .... (zeggen) u het maar!

d. Hoe .... (spellen) je dat?

e. Ik .... (willen) je straks even aan hem .... (voorstellen).

2. RELIEZ CHAQUE ÉLÉMENT À LA SUITE QUI LUI CORRESPOND.

a. Lieve Bram • • 1. Hartelijke groeten

b. Beste Ingrid • • 2. Liefs

c. Geachte mevrouw • • 3. en heren

d. Dames • • 4. Hoogachtend

● VOCABULAIRE

de e-mail *l'e-mail*
Lieve *Cher/s, Chère/s*
kort *court/e, bref/-ève*
het bericht *le message*
voordat *avant que*
de vakantie *les vacances*
druk *occupé/e*
het druk hebben *être occupé/e*
alles *tout*
ze *les*
niet ... meer *ne... plus*
binnenkort *bientôt*
allebei *tous/-tes les deux*
de studie *les études*
oké *bien*
het bedrijf *l'entreprise*
starten *commencer*
het *ce*
het risico *le risque*
de kans *la chance*
Hoe gaat/is het met ...? *Comment va...?*
jou *te, toi*
hen *les, eux, elles*
hopen *espérer*
inmiddels *déjà, désormais, entre-temps*
beter *mieux*
de groet *la salutation*
de groeten doen *transmettre ses amitiés*
haar *la, lui*
nou *bon*
laten *laisser*
snel *vite*
je *te*
horen *entendre, écouter*
iets laten horen *donner de ses nouvelles*
altijd *toujours*
welkom *le/la bienvenu/e*
bij *chez*
ons *nous*
Liefs *ton, ta, tes, votre, Cher/-ère/s, je t'embrasse*
Beste *Cher/-ère/s*
Geachte heer *Monsieur*
Dames en heren *Mesdames et messieurs*
Met vriendelijke groeten *Amicalement*
Hartelijke groeten *Cordialement, Chaleureusement*
Hoogachtend *Veuillez agréer... mes sentiments distingués.*
mij *me, moi*
u *vous*
hem *le, la, lui*
het *le, la, lui*
jullie *vous*
hun *leur*

5. TRADUISEZ LES PHRASES PUIS ÉCOUTEZ L'ENREGISTREMENT POUR VÉRIFIER VOS TRADUCTIONS.

f. Transmets-lui (à elle) mes amitiés !

→ ....

g. Elle lance sa propre entreprise.

→ ....

h. Comment allez-vous ?

→ ....

i. Ils espèrent que ton père va mieux.

→ ....

3. ÉCOUTEZ LES PHRASES CI-DESSOUS ET SOULIGNEZ LES MOTS/SYLLABES PORTANT L'ACCENT TONIQUE. ENFIN, RÉÉCOUTEZ L'ENREGISTREMENT.

a. Hoe gaat het met haar?

b. Hij heeft het druk maar alles is prima met hem.

c. We zien hen niet zo vaak meer.

d. Jullie zijn altijd welkom bij ons.

11.
À LA RECHERCHE D'UN APPARTEMENT

OP ZOEK NAAR EEN FLAT

OBJECTIFS

- **DEMANDER ET DONNER SON OPINION SUR UN LOGEMENT**
- **DÉCRIRE UN LOGEMENT**
- **DEMANDER LE MONTANT D'UN LOYER**
- **EXPRIMER ET JUSTIFIER UN CHOIX**
- **EXPRIMER SON SOUHAIT D'EMMÉNAGER ET DE DÉMÉNAGER**

NOTIONS

- **LEXIQUE DES DIFFÉRENTES PIÈCES D'UN LOGEMENT**
- **L'ADJECTIF DÉMONSTRATIF :** *DEZE DIT* CE, CET, CETTE... -CI ; *DIE DAT* CE, CET, CETTE... -LA
- **LE PLURIEL DES NOMS (SUITE)**
- **LE COMPARATIF**

À LA RECHERCHE D'UN APPARTEMENT

<u>Agent immobilier</u> : Que pensez-vous de cet appartement ? Il y a un séjour spacieux avec une cuisine ouverte et une salle de bain et (il y a) deux chambres (à coucher).

<u>Isa</u> : Cet appartement-ci est en effet plus grand, mais (cet) l'autre logement a plus [de]* placards.

<u>Agent immobilier</u> : Et bien, (mais) l'avantage de cet appartement est le débarras supplémentaire au rez-de-chaussée.

<u>Isa</u> : Hum, l'autre a un balcon (sur le) au sud ! Mais je trouve la vue plus jolie ici. Quel est le loyer ? Et quand puis-je emménager ?

<u>Agent immobilier</u> : Cet appartement est bien entendu un peu plus cher et il se libère en décembre.

<u>Isa</u> : (Alors) Seulement à ce moment-là ! C'est trop tard ! Je veux déménager [à la] fin de ce mois-ci !

---

* Les éléments entre crochets sont des ajouts en français par rapport à la phrase en néerlandais. Ils sont indispensables pour une bonne syntaxe de la traduction française.

13 OP ZOEK NAAR EEN FLAT

Makelaar: Wat vindt u van deze flat? Er is een ruime woonkamer met een open keuken en een badkamer en er zijn twee slaapkamers.

Isa: Deze flat is inderdaad groter, maar die andere woning heeft meer kasten.

Makelaar: Tja, maar het voordeel van dit appartement is de extra berging op de begane grond.

Isa: Eh, dat andere heeft een balkon op het zuiden! Maar ik vind het uitzicht hier mooier. Wat is de huurprijs? En wanneer kan ik erin?

Makelaar: Deze flat is wel wat duurder natuurlijk, en hij komt vrij in december.

Isa: Dan pas! Dat is te laat! Ik wil eind deze maand verhuizen!

COMPRENDRE LE DIALOGUE
QUELQUES FORMULES ET EXPRESSIONS

→ **Er is een ruime woonkamer (...) en er zijn twee slaapkamers** *Il y a un séjour spacieux (...) et (il y a) deux chambres (à coucher)*. Notez la structure **er is / er zijn** *il y a* où le pronom **er** *il* est le sujet impersonnel. Le verbe s'accorde avec le nom qui suit : **er is een woonkamer** *il y a un séjour* mais **er zijn twee slaapkamers** *il y a deux chambres*.

→ **open keuken** *cuisine ouverte*. En règle générale, tous les adjectifs se terminant par **-en** sont invariables : **open** *ouvert/e*.

→ **de begane grond** *le rez-de-chaussée, le rez-de-sol*. Cette dernière traduction est plus près du néerlandais, car **de grond** signifie *le sol*.

→ **de huurprijs** *le loyer* ou *la location* litt. « loyer prix » est un mot composé. Notez aussi le verbe **huren** *louer*.

→ **En wanneer kan ik erin?** *Et quand puis-je emménager ?* litt. « y dans ». Dans cette phrase, il s'agit de l'adverbe **er** *y*, *en*, combiné avec la préposition **in** *dans*. Nous allons revenir sur l'adverbe pronominal combiné avec une préposition dans le module 19.

→ Le verbe dans la phrase **(...) komt vrij in december** *(...) se libère en décembre* litt. « vient libre dans décembre » est **vrijkomen** *se libérer*, un verbe à particule séparable. Remarquez l'emploi de la préposition **in** *dans* devant un mois.

→ Dans l'exclamation **dan pas!** *seulement à ce moment-là !* litt. « alors seulement », **pas** *seulement*, *ne... que* exprime une notion de temps.

SPÉCIFICITÉS NÉERLANDAISES

Dans ce dialogue vous trouvez différents noms se référant à l'habitation :
• **de woning** *le logement* a un sens large et peut indiquer une maison ou un appartement ;
• **het appartement** *l'appartement* est synonyme de **de flat**. Ce dernier a toutefois une connotation moins luxueuse.

Le nom **flat** vient de l'anglais et est prononcé avec un **e** bref [flèt]. Il peut également signifier l'immeuble dans lequel l'appartement se trouve. Dans ce cas, le nom complet est **het flatgebouw**, *l'immeuble d'appartements*.

LEXIQUE DES DIFFÉRENTES PIÈCES D'UN LOGEMENT

Les différentes pièces d'un logement sont en partie des mots composés avec **de kamer** *la chambre* :

de woonkamer *le séjour*, **de eetkamer** *la salle à manger*, **de slaapkamer** *la chambre à coucher*, **de badkamer** *la salle de bain*. Les autres noms de pièces sont : **de keuken** *la cuisine*, **de douche** *la douche*, **de wc** ou **het toilet** *les toilettes*. Notez que ce dernier s'emploie au singulier en néerlandais. Souvent, les appartements disposent d'un *débarras* **de berging** pour pouvoir ranger vélos ou d'autres objets.

◆ GRAMMAIRE

L'ADJECTIF DÉMONSTRATIF : *DEZE DIT* CE, CET, CETTE... -CI ; *DIE DAT* CE, CET, CETTE... -LA

L'adjectif démonstratif au singulier connaît quatre formes : deux pour le genre neutre et deux pour le genre commun. Les formes **dat** et **die** sont plus fréquentes que les formes **dit** et **deze**, du fait que ces dernières s'emploient <u>uniquement</u> en cas d'une nette proximité entre la personne et l'objet désigné, par exemple lorsqu'on a l'objet dans la main ou à portée de main : **deze flat** *cet appartement-ci* (la personne y est), **deze maand** *ce mois-ci* (c'est le mois en cours).
Cependant, si ce n'est pas le cas, alors l'autre forme est privilégiée : **die andere woning** *cet autre logement-là*, et **dat andere** *cet autre-là*. Notez que dans ce dernier exemple, le nom est sous-entendu.

Genre neutre	Genre commun	
dit + nom au singulier	**deze** + nom au singulier	*ce, cet, cette... - ci*
dat + nom au singulier	**die** + nom au singulier	*ce, cet, cette... - là*

Étant donné qu'au pluriel le néerlandais ne connaît qu'un seul article, l'adjectif démonstratif au pluriel est identique pour le genre neutre et commun : **deze woningen** *ces logements-ci*, **die woningen** *ces logements-là*.

Genre neutre et commun	
deze + nom au pluriel	*ces... - ci*
die + nom au pluriel	*ces... - là*

LE PLURIEL DES NOMS (SUITE)

Nous avons vu que le néerlandais connaît deux formes du pluriel et que la seconde forme se construit avec la terminaison **-s**, par exemple les noms comportant plusieurs syllabes se terminant par une syllabe non accentuée en **-el** : **appel** – **appels**. Il en est de même pour les noms comportant plusieurs syllabes se terminant par une syllabe non accentuée en **-er** et **-en** : **kamer** – **kamers**, **keuken** – **keukens**.

Les noms se terminant par un **e** atone prennent également un **-s** au pluriel : **het biertje** – **de biertjes** ; **de dame** – **de dames** ; **het berichtje** – **de berichtjes**.

LE COMPARATIF

Le comparatif se forme en ajoutant la terminaison **-er** à l'adjectif. Le comparatif des adjectifs finissant par un **-r** se forme avec la terminaison **-der** : **groot** *grand/e* → **groter** *plus grand/e* ; **mooi** *joli/e* → **mooier** *plus joli/e* ; **duur** *cher/-ère* → **duurder** *plus cher/-ère*.

● EXERCICES

1. RÉPARTISSEZ LES PHRASES CI-DESSOUS DANS LA BONNE COLONNE DU TABLEAU. LAISSEZ-VOUS GUIDER PAR L'ADJECTIF DÉMONSTRATIF.

a. Ik vind dit huis mooier.
b. Dat huis heeft meer kasten.
c. Die rode wijn is goedkoop.
d. Deze witte wijn is duur.
e. Dit balkon is groot.
f. Dat balkon is klein.
g. Die computers zijn oud.
h. Deze formulieren zijn nieuw.

Nette proximité entre la personne et l'objet ?	
OUI	NON

VOCABULAIRE

op zoek naar *à la recherche de*
de flat *l'appartement*
de makelaar *l'agent immobilier*
vinden van *penser de*
deze *ce, cet, cette…-ci / ces…-ci*
er is *il y a (+ singulier)*
ruim *spacieux/-se*
de woonkamer *le séjour*
de open keuken *la cuisine ouverte*
de badkamer *la salle de bain*
er zijn *il y a (+ pluriel)*
de slaapkamer *la chambre à coucher*
inderdaad *en effet*
die *ce, cet, cette…-là / ces…-là*
ander *autre (adj.)*
de woning *le logement*
meer *plus (quantité)*
de kast *le placard*
tja *et bien*
het voordeel *l'avantage*
dit *ce, cet, cette…-ci*
het appartement *l'appartement*
extra *supplémentaire*
de berging *le débarras*
de begane grond *le rez-de-chaussée, le rez-de-sol*
eh *hum*
dat *ce, cet, cette…-là*
het balkon *le balcon*
op het zuiden *au sud*
vinden *trouver*
het uitzicht *la vue*
mooi *joli/e*
de huurprijs *le loyer, la location*
erin (kunnen) *(pouvoir) emménager*
wat *un peu*
natuurlijk *bien entendu*
vrijkomen *se libérer*
december (de) *décembre*
pas *seulement, ne… que*
te *trop*
eind *(+ mois) fin (+ mois)*
het eind *la fin*
de maand *le mois*
verhuizen *déménager*
er *il, y/en*
open *ouvert/e (adj.)*
de grond *le sol*
huren *louer*
het flatgebouw *l'immeuble d'appartements*
de kamer *la chambre, la pièce*
de eetkamer *la salle à manger*
de keuken *la cuisine*
de douche *la douche*
de wc / het toilet *les toilettes*

2. DONNEZ LE COMPARATIF DE CHAQUE ADJECTIF PUIS TRADUISEZ.

a. schattig .... / ....

b. ver .... / ....

c. vers .... / ....

d. laat .... / ....

e. leuk .... / ....

f. ruim .... / ....

g. duur .... / ....

h. lief .... / ....

3. METTEZ LES NOMS SUIVANTS AU PLURIEL :

a. de badkamer ....
b. de grootouder ....
c. het bericht ....
d. de groet ....
e. de jongen ....
f. het nummer ....
g. de dochter ....
h. de tunnel ....
i. de postcode ....
j. het meisje ....
k. de keuken ....
l. de visboer ....

4. ÉCOUTEZ L'ENREGISTREMENT. RÉPÉTEZ ENSUITE LES PHRASES ET ÉCRIVEZ-LES.

a. ....
b. ....
c. ....
d. ....
e. ....

12. DEMANDER SON CHEMIN

DE WEG VRAGEN

OBJECTIFS

- ÉCHANGES POUR DEMANDER SON CHEMIN, L'INDIQUER ET REMERCIER

NOTIONS

- CONNAÎTRE QUELQUES NOMS DE FLEURS
- S'ORIENTER
- LES NOMBRES ORDINAUX
- LES ADVERBES PRONOMINAUX

DEMANDER SON CHEMIN

– Bonjour, est-ce que vous connaissez le quartier ? Je ne sais plus où je suis. Est-ce le chemin vers l'arrêt de bus ?

– Bien sûr. Où voulez-vous aller ?

– Je veux aller direction Keukenhof.

– Il y a un bus qui y va directement à partir de l'arrêt en face de l'hôpital.

– Comment dois-je m'y rendre ?

– Vous allez (marchez) ici tout droit jusqu'aux feux (stop-feux). Là, vous prenez à droite et puis c'est la première rue [à] gauche.

– Merci beaucoup (chaleureusement merci) !

– Puis-je vous demander d'où vous venez ? C'est que vous avez un léger accent du nord (septentrional).

– Je viens d'un village au nord-est de Groningue, d'Appingedam.

– D'où ? Oh, voilà le bus qui arrive. Allez-y, vite !

– Encore une fois, merci.

– Je vous en prie (volontiers fait) !

DE WEG VRAGEN

– Goedemiddag, bent u hier bekend? Ik weet niet meer waar ik ben. Is dit de weg naar de bushalte?

– Jazeker. Waar wilt u heen?

– Ik wil richting Keukenhof.

– Daar gaat een bus rechtstreeks naartoe vanaf de halte tegenover het ziekenhuis.

– Hoe kom ik daar?

– U loopt hier rechtdoor tot de stoplichten. Daar gaat u naar rechts en dan is het de eerste straat links.

– Hartelijk dank!

– Mag ik u vragen waar u vandaan komt? U heeft namelijk een licht noordelijk accent.

– Ik kom uit een dorp ten noordoosten van Groningen, uit Appingedam.

– Waarvandaan? O, daar komt de bus aan. Gaat u maar snel!

– Nogmaals dank!

– Graag gedaan!

■ COMPRENDRE LE DIALOGUE
QUELQUES FORMULES ET EXPRESSIONS

- → **goedemiddag** *bonjour* se dit l'après-midi entre 12 h et 18 h.
- → Pour demander votre chemin, utilisez la structure **Bent u hier bekend?** *Connaissez-vous le quartier ?* litt. « êtes-vous connu ici ». Retenez aussi le verbe **kennen** *connaître*.
- → **Waar wilt u heen?** *Où voulez-vous aller ?* **waar … heen** *où* est composé de deux éléments séparables : *où… vers*, tout comme **daar … naartoe** *là, y* litt. « là… vers » dans la phrase **Daar gaat een bus rechtstreeks naartoe** *Il y a un bus qui y va directement*. Il en est de même pour **waar … vandaan** *d'où* dans la phrase **(…) waar u vandaan komt?** *(…) d'où vous venez*. Reportez-vous à l'explication grammaticale sur les adverbes pronominaux ci-contre, dans la partie « Grammaire ».
- → **Hoe kom ik daar?** *Comment dois-je m'y rendre ?* litt. « comment arrive-je là-bas ».
- → Dans la phrase **daar komt de bus aan** *voilà le bus qui arrive* litt. « là-bas arrive le bus » se trouve le verbe à particule **aankomen** *arriver*.
- → L'expression **graag gedaan** *je vous en prie, avec plaisir* est synonyme de **tot uw dienst** *à votre service*. Cette dernière est toutefois plus formelle.

SPÉCIFICITÉS NÉERLANDAISES

De Keukenhof litt. « cuisine-jardin » est un parc floral célèbre qui se trouve dans la province **Zuid-Holland** *Hollande-Méridionale*. Au xve siècle, on y cultivait des herbes pour la cuisine du château de Jacqueline de Bavière. En 1949, une exposition de fleurs fut organisée dans le domaine, devenu au fil du temps un parc. Cette exposition s'est par la suite transformée en événement annuel lors de la période de la floraison des bulbes, en avril/mai.

Les Néerlandais adorent par ailleurs offrir des **bloemen** *fleurs*, et ont la possibilité d'acheter des **boeketten** *bouquets* un peu partout à des prix très abordables. Voici quelques noms de fleurs connues : **de anjer** *l'œillet*, **de gladiool** *le glaïeul*, **de lelie** *le lis*, **de roos** *la rose*, **de tulp** *la tulipe*.

GRAMMAIRE
S'ORIENTER

Lorsque vous demandez votre chemin, vous pouvez être dirigé vers **het noorden** *le nord*, **het zuiden** *le sud*, **het oosten** *l'est* ou **het westen** *l'ouest*. Par contre, *au nord/sud/est/ouest de…* se dit **ten noorden/zuiden/oosten/westen van …** et pour les combiner, la structure est la suivante : **noordoosten** *nord-est*, **noordwesten** *nord-ouest*, **zuidoosten** *sud-est* et **zuidwesten** *sud-ouest*.

L'adjectif des points cardinaux se forme en ajoutant la terminaison **-lijk** : **noordelijk** *septentional*, **zuidelijk** *méridional*, **oostelijk** *oriental*, **westelijk** *occidental*.

Retenez qu'en néerlandais, vous avez deux possibilités pour exprimer *à gauche* : **naar links** et **linksaf** ; vous avez également deux possibilités pour exprimer *à droite* : **naar rechts** et **rechtsaf**. Ne confondez pas ce dernier avec **rechtdoor** *tout droit*.

LES NOMBRES ORDINAUX

Pour former un ordinal, il suffit d'ajouter la terminaison **-de** ou **-ste** au nombre cardinal correspondant. Jusqu'à 19ᵉ, la terminaison est **-de**, sauf pour 1ᵉʳ (**eerste**) et 8ᵉ (**achtste**). À partir de 20ᵉ, la terminaison est **-ste**.

1ᵉʳ	**eerste***	11ᵉ	**elfde**
2ᵉ	**tweede**	12ᵉ	**twaalfde**
3ᵉ	**derde***	13ᵉ	**dertiende**
4ᵉ	**vierde**	14ᵉ	**veertiende**
5ᵉ	**vijfde**	15ᵉ	**vijftiende**
6ᵉ	**zesde**	16ᵉ	**zestiende**
7ᵉ	**zevende**	17ᵉ	**zeventiende**
8ᵉ	**achtste**	18ᵉ	**achttiende**
9ᵉ	**negende**	19ᵉ	**negentiende**
10ᵉ	**tiende**	20ᵉ	**twintigste**

* Notez bien l'orthographe de ces ordinaux.

LES ADVERBES PRONOMINAUX

waar … heen? *où ?* et **waar … naartoe?** sont synonymes et expriment une destination ou un déplacement.

Ne les confondez pas avec **waar?** *où ?* exprimant un lieu fixe.

waar … vandaan? *d'où ? de quel côté ?* fait référence à une provenance, une origine.

daar … naartoe, daar … heen *y, par là* litt. « là/y … vers » désigne l'endroit vers lequel on se dirige. Par contre **daar** *là-bas*, *y* se réfère à l'endroit où l'on est. Et **daar … vandaan** *de là-bas* désigne l'endroit d'où l'on vient.

Le même schéma s'applique à **hier** *ici*, **hier … naartoe / hier … heen** *y, par ici* et **hier … vandaan** *d'ici*.

Le second élément de l'adverbe pronominal se place à la fin de la phrase principale :
Waar gaat u straks naartoe/heen? *Où allez-vous tout à l'heure ?*
Waar komt u eigenlijk vandaan? *D'où venez-vous en fait ?*
Daar gaat een bus rechtstreeks naartoe *Il y a un bus qui y va directement.*

S'il n'y a pas d'éléments pour les séparer, les adverbes pronominaux s'écrivent en un seul mot : **waarnaartoe?, waarheen?, waarvandaan?, daarnaartoe, daarheen, daarvandaan, hiernaartoe, hierheen, hiervandaan.**
Ik ga naar Utrecht. *Je vais à Utrecht.* **Waarnaartoe? / Waarheen?** *Où ?* **Daarnaartoe! / Daarheen!** *Là-bas !*
Ik kom uit Utrecht. *Je viens d'Utrecht.* **Waarvandaan?** *D'où ?* **Daarvandaan!** *De là-bas !* **Hiervandaan!** *D'ici !*
Waar ga je heen? *Où vas-tu ?* **Hiernaartoe! / Hierheen!** *Par ici !*

● VOCABULAIRE

de weg vragen demander son chemin
goedemiddag bonjour (l'après-midi)
bent u hier bekend?
connaissez-vous le quartier ?
de weg le chemin, la route
de bushalte l'arrêt de bus
waar ... heen? / waarheen? où
(+ déplacement)
de richting la direction
daar ... naartoe / daarnaartoe
par là, y
de bus le bus
rechtstreeks directement
vanaf à partir de
de halte l'arrêt
tegenover en face de
het ziekenhuis l'hôpital
komen arriver
lopen marcher
rechtdoor tout droit
het stoplicht le feu de signalisation
naar rechts à droite
dan puis
eerste premier/-ère
links gauche
hartelijk dank! merci beaucoup !
vragen demander
**waar ... vandaan? /
waarvandaan?** d'où ?
namelijk c'est que
licht léger/-ère
noordelijk du nord, septentrional/e
het accent l'accent
ten noordoosten van au nord-est de
Groningen Groningue
aankomen arriver

nogmaals dank! encore une fois merci !
graag gedaan! avec plaisir, je vous
en prie !
kennen connaître
waar ... naartoe? / waarnaartoe?
où (+ déplacement)
daar ... heen / daarheen là, y
tot uw dienst à votre service
Zuid-Holland Hollande-Méridionale
het boeket le bouquet
de anjer l'œillet
de gladiool le glaïeul
de lelie le lis
de roos la rose
de tulp la tulipe
het noorden le nord
het zuiden le sud
het oosten l'est
het westen l'ouest
ten noorden van au nord de
ten zuiden van au sud de
ten oosten van à l'est de
ten westen van à l'ouest de
noordwesten nord-ouest
zuidoosten sud-est
zuidwesten sud-ouest
zuidelijk méridional/e
oostelijk oriental/e
westelijk occidental/e
naar links à gauche
linksaf à gauche
rechtsaf à droite
hier ... naartoe / hiernaartoe y,
par ici
hier ... heen / hierheen y, par ici
hier ... vandaan / hiervandaan
d'ici
Nijmegen Nimègue

◆ **EXERCICES**

1. RELIEZ LES QUESTIONS AUX BONNES RÉPONSES.

a. Waar komen ze vandaan?   •   • 1. Hij gaat naar de markt.
b. Waar ga je eind deze maand naartoe?   •   • 2. Daarvandaan!
c. Waar gaat hij heen?   •   • 3. Dan ga ik naar Nijmegen (*Nimègue*).

2. REMETTEZ LES MOTS DES PHRASES SUIVANTES DANS LE BON ORDRE EN COMMENÇANT PAR L'ÉLÉMENT EN MAJUSCULE :

a. Daar / een / over / heen / gaat / drie / tram / minuten.
   → ....

b. U / de / rechtdoor / tot / hier / stoplichten / loopt.
   → ....

c. Dan / rechts / straat / is / tweede / het / de.
   → ....

🔊 14 **3. DONNEZ LE NOMBRE ORDINAL CORRESPONDANT AU NOMBRE CARDINAL DONNÉ. ÉCOUTEZ ENSUITE LEUR PRONONCIATION ET RÉPÉTEZ-LES.**

a. een → ....
b. drie → ....
c. zevenentwintig → ....
d. acht → ....
e. veertien → ....

🔊 14 **4. ÉCOUTEZ LES PHRASES. QUE SIGNIFIENT-ELLES ? COCHEZ LA BONNE RÉPONSE.**

a. ❑ Elle vient du nord-est du pays.   ❑ Ils viennent du nord-ouest du pays.
b. ❑ Bonjour, on te connaît ici ?   ❑ Bonjour, connais-tu le quartier ?
c. ❑ Il a un accent méridional.   ❑ Elle a un accent oriental.
d. ❑ Où vas-tu ? – Par là !   ❑ D'où viens-tu ? – Par ici !

13.
ET SI NOUS ALLIONS... ?

ZULLEN WE...?

OBJECTIFS

- FORMULER DES PROPOSITIONS ET Y RÉPONDRE
- FAIRE PART D'UNE IDÉE
- EXPRIMER LES DIFFÉRENTS MOMENTS DE LA JOURNÉE

NOTIONS

- LA RÉPARTITION ET LES DIFFÉRENTS MOMENTS DE LA JOURNÉE
- LES SALUTATIONS
- FORMULER DES PROPOSITIONS
- LA NÉGATION *GEEN* NE ... PAS
- LES CONJONCTIONS DE COORDINATION ET LA SYNTAXE DE LA PROPOSITION PRINCIPALE

QU'ALLONS NOUS FAIRE AUJOURD'HUI ?

Rob : Et si nous allions à la plage ce matin !?

Mirjam : Non, restons à l'intérieur car je n'ai pas envie de sortir (vers extérieur d'aller).

Rob : Ou veux-tu peut-être [aller] au cinéma (film) ?

Mirjam : Faisons cela ce soir !

Rob : D'accord, nous pourrions alors inviter Jasper cet après-midi pour le thé !

Mirjam : Oui, d'accord (c'est bien).

Mirjam : Hé Jasper, entre ! Veux-tu du thé ou du café ?

Jasper : Ah Mirjam. Donne[-moi] plutôt une tasse de thé, car j'ai soif.

Mirjam : As-tu envie de [nous] accompagner au cinéma ce soir ?

Jasper : (Tiens) Dommage, je ne peux pas, je suis fauché ! Mais que pensez-vous de l'idée que je reste dîner ?

Mirjam : Mmm, ça t'arrangerait hein, pas vrai (oui, y as-tu bien envie dans, tiens) ?

15 WAT ZULLEN WE VANDAAG GAAN DOEN?

<u>Rob</u>: Zullen we vanochtend naar het strand gaan?

<u>Mirjam</u>: Nee, laten we binnen blijven, want ik heb geen zin om naar buiten te gaan.

<u>Rob</u>: Of wil je dan misschien naar de film?

<u>Mirjam</u>: Laten we dat vanavond doen!

<u>Rob</u>: Oké, zullen we dan vanmiddag Jasper voor de thee uitnodigen?

<u>Mirjam</u>: Ja, dat is goed.

<u>Mirjam</u>: Hé Jasper, kom binnen! Wil je thee of koffie?

<u>Jasper</u>: Ha Mirjam. Geef maar een kop thee, want ik heb dorst.

<u>Mirjam</u>: Heb je zin om vanavond mee naar de film te gaan?

<u>Jasper</u>: Hè jammer, ik kan niet, ik ben blut! Maar wat vinden jullie van het idee dat ik blijf eten?

<u>Mirjam</u>: Ja, daar heb je wel zin in, hè!

COMPRENDRE LE DIALOGUE
QUELQUES FORMULES ET EXPRESSIONS

→ **Wat zullen we vandaag gaan doen?** *Qu'allons-nous faire aujourd'hui ?* **Zullen we vanochtend naar het strand gaan?** *Et si nous allions à la plage ce matin !?* **Laten we binnen blijven!** *Restons à l'intérieur !* Reportez-vous à l'explication ci-contre, dans la partie « Grammaire », pour connaître les différentes façons de formuler une proposition et d'y répondre.

→ **Of wil je dan misschien naar de film?** *Ou veux-tu peut-être [aller] au cinéma (film) ?* Le nom **de film** est utilisé pour *le film* et *le cinéma*. Ce dernier peut aussi se traduire par **de bioscoop**. Notez que le verbe **gaan** *aller* est sous-entendu en néerlandais.

→ **Hé Jasper** *Hé Jasper* **Ha Mirjam** *Ah Mirjam* : **hé** *hé* et **ha** *ah* font office de salutations. L'accent aigu sur l'interjection **hé** indique la prononciation longue du **e**. L'accent grave sur le **è** dans **Hè jammer!** *(Tiens) Dommage !* indique une prononciation courte.

→ **Ja, daar heb je wel zin in, hè!** *Mmm, ça t'arrangerait hein, pas vrai ?* litt. « oui, y as-tu bien envie dans, non ». L'interjection **hè** en fin de phrase peut se traduire par *pas vrai, hein, n'est-ce-pas, non*. Nous reviendrons sur l'adverbe /**daar** + préposition/ dans le module 19.

SPÉCIFICITÉS NÉERLANDAISES

Pour exprimer les différents moments de la journée, il faut tenir compte de la répartition suivante :

	Moment de la journée			Salutation formelle
06:00 – 24:00	de dag *la journée*	vandaag *aujourd'hui*		goedendag/ goededag *bonjour*
06:00 – 12:00	de ochtend/ de morgen* *le matin*	vanochtend/ vanmorgen *ce matin*	's ochtends / 's morgens *du matin*	goedemorgen *bonjour*
12:00 – 18:00	de middag *l'après-midi*	vanmiddag *cet après-midi*	's middags *de l'après-midi*	goedemiddag *bonjour*
18:00 – 24:00	de avond *le soir*	vanavond *ce soir*	's avonds *du soir*	goedenavond *bonsoir*
24:00 – 06:00	de nacht *la nuit*	vannacht *cette nuit*	's nachts *de la nuit*	goedenacht *bonne nuit*

* Ne confondez pas le nom de **de morgen** *le matin* avec l'adverbe **morgen** *demain*

Il existe d'autres salutations, moins formelles, que l'on peut prononcer en arrivant quelque part ou lorsque l'on rencontre quelqu'un, par exemple **dag**, **hallo**, **hoi** *salut* ; lorsqu'on quitte un endroit ou lorsqu'on prend congé d'une personne, on peut dire **dag** – prononcé avec un **a** long – et **doei** – **i** prononcé avec un **i** long – *salut*.

◆ GRAMMAIRE
FORMULER DES PROPOSITIONS

Wat zullen we gaan doen? *Qu'allons-nous faire ?* L'auxiliaire **zullen**, qui est toujours accompagné d'un infinitif en fin de phrase, exprime un futur.

Plus important encore, il permet de formuler des propositions. C'est le cas dans une phrase interrogative et lorsque le pronom **we** *nous* suit l'auxiliaire. La plupart du temps, en français, on trouve la traduction *et si nous* + le verbe à l'imparfait :

Zullen we naar de film gaan? *Et si nous allions au cinéma !?*
Zullen we Eva uitnodigen? *Nous pourrions inviter Eva ! Et si nous invitions Eva !?*

Il est également possible de formuler des propositions avec **willen** *vouloir* ou à l'aide de /**zin hebben om te** + infinitif/ *avoir envie de* + infinitif :

Of wil je naar de film? *Ou veux-tu aller au cinéma ?*
Heb je zin om naar de film te gaan? *As-tu envie d'aller au cinéma ?*

La réponse se fait souvent à l'aide de la structure /**laten we** + infinitif/ en fin de phrase. Le verbe **laten** *laisser* suivi du pronom **we** *nous* exprime alors un impératif :

Laten we hier blijven! *Restons ici !* litt. « laissons nous ici rester »
Laten we dat doen! *Faisons cela !* litt. « laissons nous cela faire »

On peut également répondre tout simplement :

ja *oui*, **oké** *d'accord*, **dat is goed** *d'accord*.
nee *non*, **ik kan niet** *je ne peux pas*, **ik heb geen zin** *je n'ai pas envie*.

LA NÉGATION *GEEN* NE... PAS

La négation **geen** *ne... pas* est utilisée devant un nom indéfini :
Ik heb honger *J'ai faim* → **Ik heb geen honger** *Je n'ai pas faim*
Ik zie een bus *Je vois un bus* → **Ik zie geen bus** *Je ne vois pas de bus*
Ik zie bussen *Je vois des bus* → **Ik zie geen bussen** *Je ne vois pas de bus*.

Lorsque le nom est défini, on utilise **niet** *ne... pas* :
Ik zie de bus *Je vois le bus* → **Ik zie de bus niet** *Je ne vois pas le bus*
Ik zie de bussen *Je vois les bus* → **Ik zie de bussen niet** *Je ne vois pas les bus*.

LES CONJONCTIONS DE COORDINATION ET LA SYNTAXE DE LA PROPOSITION PRINCIPALE

Les conjonctions de coordination **maar** *mais*, **of** *ou*, **en** *et*, **dus** *donc* et **want** *car* introduisent une proposition principale dans laquelle le verbe conjugué occupe la deuxième position.

La structure est alors :

conjonction + verbe conjugué + sujet

Ik ben niet thuis <u>maar</u> spreek een boodschap in! *Je ne suis pas là, mais laissez-moi un message !*
Zij stopt met de studie <u>en</u> gaat een bedrijf starten *Elle arrête les études et lance son entreprise.*
Wil je thee <u>of</u> wil je koffie? *Veux-tu du thé ou veux-tu du café ?*

En revanche, si vous ajoutez un élément après la conjonction, il faut alors compter celui-ci comme premier élément de la proposition principale et vous trouvez le verbe conjugué tout de suite après :

conjonction + premier élément + verbe conjugué + sujet

Geef maar thee, <u>want ik</u> heb dorst *Donne-moi plutôt du thé, car j'ai soif.*
Het is een risico, <u>maar ze</u> wil het een kans geven *Elle veut prendre le risque (C'est un risque, mais elle veut le donner une chance) !*
Deze flat is duurder <u>en hij</u> komt vrij in december *Cet appartement est plus cher et il se libère en décembre.*

◆ EXERCICES

1. METTEZ LES PHRASES SUIVANTES À LA FORME NÉGATIVE EN UTILISANT *NIET* OU *GEEN* :

a. Hij heeft zin in een kop koffie.

→ ....

b. Ze hebben dorst en honger.

→ ....

c. Deze flat is duurder dan die andere.

→ ....

d. Ze stopt met de studie want ze gaat een bedrijf starten.

→ ....

VOCABULAIRE

zullen we …? *et si nous* (+ verbe à l'imparfait) *!?*
vandaag *aujourd'hui*
vanochtend *ce matin*
het strand *la plage*
laten *laisser*
laten we …! *laissons… !* (litt.)
binnen *à l'intérieur*
geen *ne… pas*
buiten *à l'extérieur*
misschien *peut-être*
de film *le film, le cinéma*
vanmiddag *cet après-midi*
de thee *le thé*
dat is goed *d'accord*
hé *hé*
binnenkomen *entrer*
de koffie *le café* (boisson)
ha *ah*
de kop *la tasse*
dorst hebben *avoir soif*
de dorst *la soif*
hè *tiens*
jammer *dommage*
eten *manger, dîner* (nom)
hè *pas vrai, hein, n'est-ce-pas, non*
de bioscoop *le cinéma*
de dag *la journée*
goedendag/goededag *bonjour*
vanmorgen *ce matin*
goedenavond *bonsoir*
vannacht *cette nuit*
goedenacht *bonne nuit*

dag *salut*
doei *salut*

e. Mijn buurvrouw heeft een fiets.

→ ....

f. Heb je kinderen of huisdieren?

→ ....

2. TRADUISEZ LES PHRASES SUIVANTES :

a. Et si nous invitions Emma ? – Oui, c'est une bonne idée.

→ ....

b. J'ai envie d'aller au cinéma. – Non, restons ici !

→ ....

c. Que pensez-vous de l'idée d'aller au marché ? – D'accord, faisons cela !

→ ....

d. Veux-tu une bière ? – Oui, volontiers ! J'ai soif.

→ ....

3. COMPLÉTEZ LES PHRASES AVEC LA CONJONCTION DE COORDINATION ADAPTÉE.

a. We kunnen vanavond thuisblijven .... naar het café gaan.

b. Waar kom je vandaan, ... je hebt een licht accent?

c. Zij werkt in Zaandam .... hij werkt in Maastricht. (2 possibilités)

d. Ze hebben geen honger, ... ze willen niet blijven eten.

e. Ik noteer de datum .... geef u vast het formulier.

4. ÉCOUTEZ L'ENREGISTREMENT PUIS COMPLÉTEZ LES PHRASES. LISEZ ENSUITE CHAQUE PHRASE À VOIX HAUTE ET RÉÉCOUTEZ L'ENREGISTREMENT.

a. ...., ... Mariska. Hoe gaat het met je?

b. Hebben jullie .... geen zin om te werken?

c. ....! Wilt u een glas wijn of een biertje?

d. .... Marc! .... Ben, ik kan niet blijven hoor! ....

e. .... jammer! Ik kan .... niet met je meegaan. Oké, nou ....!

14.
L'HOROSCOPE

DE HOROSCOOP

OBJECTIFS

- DÉCRIRE DES TRAITS DE CARACTÈRE
- DONNER DES CONSEILS
- EXPRIMER LA FRÉQUENCE

NOTIONS

- LEXIQUE DES SIGNES ASTROLOGIQUES
- LES FORMES RÉDUITES
- LES PRONOMS INDÉFINIS
- LES ADVERBES DE FRÉQUENCE
- LA CONJONCTION *OM* POUR, AFIN DE / DE, A
- L'IMPÉRATIF

HOROSCOPE

BÉLIER Tu n'as jamais peur d'exprimer ton opinion, mais ne te fâche pas !

TAUREAU Malgré que tu sois costaud, il est temps de montrer tes sentiments !

GÉMEAUX Tu es suffisamment malin. Aie donc confiance en toi-même !

CANCER Personne n'est aussi bosseur que toi, mais parfois c'est vraiment trop !

LION Tu veux décider pour tout le monde. Pourtant, tu ne peux pas toujours mener la barque !

VIERGE En règle générale, tu as une vie saine. Arrête de te montrer trop dur envers toi-même !

BALANCE Tu cherches continuellement l'équilibre. Apprends un peu à prendre des décisions !

SCORPION Gagner de l'argent est important, mais n'oublie pas tes amis !

SAGITTAIRE Tu ne peux pas attendre (Tu ne veux pas à demain attendre). Sois patient !

CAPRICORNE Tu es prudent. Prends quelques risques !

VERSEAU Avec toi c'est tout ou rien. Cherche un peu le compromis !

POISSONS Tu aimes ta liberté. Ne sois pas si idéaliste !

HOROSCOOP

RAM Je bent nooit bang je mening te uiten, maar maak je niet kwaad!

STIER Hoewel je sterk bent, wordt het tijd je gevoel te tonen!

TWEELING Je bent slim genoeg. Geloof dus in jezelf!

KREEFT Niemand is zo'n harde werker als jij, maar soms is het echt te veel!

LEEUW Je wilt voor iedereen beslissen. Toch kun je niet altijd de baas zijn!

MAAGD Gewoonlijk leef je gezond. Maak 't jezelf niet te moeilijk!

WEEGSCHAAL Je zoekt steeds 't evenwicht. Leer eens om besluiten te nemen!

SCHORPIOEN Geld verdienen is belangrijk, maar vergeet je vrienden niet!

BOOGSCHUTTER Je wilt niet tot morgen wachten. Heb geduld!

STEENBOK Je bent voorzichtig. Neem 'ns risico's!

WATERMAN Bij jou is het alles of niets. Zoek 's het compromis!

VISSEN Je houdt van je vrijheid. Wees niet zo idealistisch!

COMPRENDRE LE DIALOGUE
QUELQUES FORMULES ET EXPRESSIONS

→ **Je bent nooit bang je mening te uiten (…)** *Tu n'as jamais peur d'exprimer ton opinion (…)*. Contrairement au français, l'expression **bang zijn** *avoir peur* se construit avec **zijn** *être*.

→ **(…) wordt het tijd je gevoel te tonen** *(…) il est temps de montrer tes sentiments* litt. « devient-il temps ton sentiment de montrer ». Le verbe **worden** *devenir* indique un changement de situation.

→ **Je bent slim genoeg** *Tu es suffisamment malin*. L'adverbe **genoeg** *suffisamment* est toujours placé après l'adjectif.

→ **Niemand is zo'n harde werker als jij, maar soms is het echt te veel!** *Personne n'est aussi bosseur que toi, mais parfois c'est vraiment trop !* litt. « ne personne est pareil dur travailleur que tu, mais parfois est-il vraiment trop beaucoup ». Le pronom démonstratif **zo'n** *pareil/le* est une contraction de **zo een** et n'existe que sous la forme contractée.

→ **Toch kun je niet altijd de baas zijn!** *Pourtant, tu ne peux pas toujours mener la barque !* litt. « pourtant peux-tu ne pas toujours le patron être ». Après **toch** *pourtant* en tête de phrase, le verbe conjugué suit directement, sans avoir recours à une virgule.

→ **Maak 't jezelf niet te moeilijk!** *Arrête de te montrer trop dur envers toi-même !* litt. « rends il toi-même ne pas trop difficile ». Notez l'emploi du verbe **maken** *rendre* dans la structure **moeilijk maken** *rendre difficile*. **Je zoekt steeds 't evenwicht** *Tu cherches continuellement l'équilibre*. Lorsque **het** *il* se prononce avec un **e** atone, il peut être écrit **'t**.

→ Dans la phrase **Neem 'ns risico's!** *Prends quelques risques !* litt. « prends une fois des risques » et **Zoek 's het compromis!** *Cherche un peu le compromis !* il s'agit de la forme réduite de **eens** *une fois*. Le pluriel de **risico** est formé avec **'s** afin de préserver la prononciation longue de la voyelle.

SPÉCIFICITÉS NÉERLANDAISES

• **Les formes réduites**

En langage parlé, les formes réduites sont très courantes. La plupart d'entre elles se prononcent avec un **e** atone et l'élision des lettres est indiquée par une apostrophe :

't → **het** *il*, *le*, *la*
's, **'ns** → **eens** *une fois*
zo'n → **zo een** *un/e tel/le, pareil/le*

Vous trouverez d'autres formes réduites parmi les pronoms non accentués.

Rappelez-vous qu'en néerlandais, toutes les syllabes ne sont pas prononcées avec la même puissance. L'emploi des formes réduites permet d'accentuer davantage et de faire ressortir plus de la phrase les autres mots : ceux qui véhiculent l'information.

◆ GRAMMAIRE
LES PRONOMS INDÉFINIS

Voici quelques pronoms indéfinis :
iemand *quelqu'un* ; **niemand** *ne… personne* ; **iets/wat** *quelque chose* ; **niets** *ne… rien* ; **alles** *tout* ; **iedereen** *chacun, tous, tout le monde*.
Les pronoms **iets** et **wat** sont synonymes : **Mag ik je iets/wat vragen?** *Puis-je te demander quelque chose ?*

LES ADVERBES DE FRÉQUENCE

L'adverbe de fréquence indique à quelle fréquence se fait une action :
nooit *ne… jamais*, **steeds** *continuellement*, **vaak** *souvent*, **gewoonlijk** *de manière habituelle*, **soms** *parfois*, **altijd** *toujours*.
Dans une proposition principale, l'adverbe de fréquence – s'il ne se trouve pas en tête de phrase – suit le verbe conjugué :
Gewoonlijk leef je gezond *En règle générale, tu as une vie saine.*
Je bent nooit bang *Tu n'as jamais peur.*
Je zoekt steeds 't evenwicht *Tu cherches continuellement l'équilibre.*
Dans le cas où il y a un élément après la conjonction, l'adverbe compte comme premier élément et vous trouvez le verbe conjugué tout de suite après :
(…) maar soms is het echt te veel *(…) mais parfois c'est vraiment trop.*

LA CONJONCTION *OM* POUR, AFIN DE / DE, À

La conjonction **om** *pour*, *afin de* est obligatoire lorsqu'elle introduit une subordonnée circonstancielle de but :
Ze hebben hun eigen kaart nodig om naar het buitenland te kunnen reizen *Ils ont besoin de leur propre carte pour pouvoir voyager à l'étranger.*

Dans le cas contraire, elle est facultative et se traduit par *de*, *à* :

Je bent nooit bang om je mening te uiten *Tu n'as jamais peur d'exprimer ton opinion.*

(...) wordt het tijd om je gevoel te tonen *(...) il est temps de montrer tes sentiments.*

Leer eens om besluiten te nemen! *Apprends un peu à prendre des décisions !*

▲ CONJUGAISON
L'IMPÉRATIF

La forme la plus fréquente de l'impératif est celle de la 2ᵉ personne du singulier. Pour la former, il suffit d'enlever la terminaison **-en/-n** de l'infinitif et d'appliquer ensuite les règles d'orthographe :

zoeken → zoek! *cherche !* ; **maken → maak!** *fais !* ; **leren → leer!** *apprends !* ; **vergeten → vergeet!** *oublie !* ; **beslissen → beslis!** *décide !* ; **hebben → heb!** *aie !*

L'impératif du verbe **zijn** est irrégulier : **wees!** *sois !*

Pour former l'impératif de la 2ᵉ personne de politesse, ajoutez la terminaison **-t** et le pronom **u** *vous* :

zoekt u! *cherchez !* ; **vergeet u!** *oubliez !* ; **doet u!** *faites !*

Souvenez-vous des adverbes accompagnant l'impératif, qui servent à l'adoucir et à limiter l'impression de donner un ordre :

Zoek dus het compromis! *Cherche donc le compromis !*
Leer eens! *Apprends un peu !*
Gaat u maar snel! *Allez-y, vite !*

● EXERCICES

1. POUR CHAQUE PHRASE, INDIQUEZ SI LA CONJONCTION *OM* EST OBLIGATOIRE OU FACULTATIVE.

a. Het wordt tijd om in jezelf te geloven!

→ ....

b. Ze heeft een fiets nodig om naar huis te gaan.

→ ....

c. Hij wil stoppen met zijn studie om een eigen bedrijf te starten.

→ ....

VOCABULAIRE

de horoscoop *l'horoscope*
de ram *le bélier*
nooit *ne… jamais*
bang zijn *avoir peur*
de mening *l'opinion*
uiten *exprimer*
kwaad maken *fâcher*
de stier *le taureau*
hoewel *malgré*
sterk *costaud, fort/e*
worden *devenir*
de tijd *le temps* (qui passe)
het gevoel *le sentiment*
tonen *montrer*
de tweeling *les gémeaux, les jumeaux/-lles*
slim *malin/e*
genoeg *suffisamment*
geloven in zichzelf *avoir confiance en soi*
de kreeft *le cancer* (signe astrologique), *le homard*
niemand *ne… personne*
zo'n *un/e tel/le, pareil/le*
hard *dur/e*
de werker *le travailleur*
soms *parfois*
echt *vraiment*
te veel *trop*
de leeuw *le lion*
iedereen *tout le monde, chacun, tous*
beslissen *décider*
toch *pourtant*
de baas zijn *être le patron, mener la barque*
de maagd *la vierge*
gewoonlijk *en règle générale, habituellement*
leven *vivre* (v.)
gezond *sain/e, en bonne santé*
moeilijk maken *rendre difficile*
de weegschaal *la balance*
zoeken *chercher*
steeds *continuellement*
het evenwicht *l'équilibre*
leren *apprendre*
eens *une fois, un peu*
het besluit *la décision*
de schorpioen *le scorpion*
het geld *l'argent*
verdienen *gagner*
belangrijk *important/e*
vergeten *oublier*
de boogschutter *le sagittaire, l'archer*
morgen *demain*
wachten *attendre*
het geduld *la patience*
de steenbok *le capricorne, le bouquetin*
voorzichtig *prudent/e*
de waterman *le verseau*
bij *pour, avec*
niets *ne… rien*
het compromis *le compromis*
de vis *le poisson*
houden van *aimer*
de vrijheid *la liberté*
wees! *sois !*
idealistisch *idéaliste*
iemand *quelqu'un*

d. Vergeet niet om iets van je te laten horen!

→ ....

e. Ik ben niet bang om risico's te nemen.

→ ....

2. COMPLÉTEZ À L'AIDE DU PRONOM INDÉFINI ADAPTÉ.

a. Zij kent geen compromis. Het is voor haar altijd .... of ....

b. Willen jullie ons .... vragen? (3 possibilités)

c. .... is zo voorzichtig als hij.

d. Niet .... vindt dat een mooie film.

3. METTEZ LES PHRASES SUIVANTES À L'IMPÉRATIF À L'AIDE DU VERBE DONNÉ ENTRE PARENTHÈSES :

a. (Geven) .... u mij maar een kilo peren!

b. (Laten) .... maar snel iets van je horen!

c. (Zijn) .... niet zo dom!

d. (Maken) .... u niet kwaad!

e. (Leren) .... eens je mening te uiten!

4. ÉCOUTEZ L'ENREGISTREMENT POUR COMPLÉTER CES PHRASES :

a. Heeft zij .... honger of ....?

b. Ze heeft .... zin om .... te eten .... te drinken.

c. .... maak je .... jezelf .... moeilijk!

d. Je bent .... harde werker! Maar ....vakantie!

e. Hij wil .... de baas zijn, maar niet .... vindt dat leuk.

f. Stop .... met .... tot morgen te ....!

III

EN

VILLE

15.
UNE « APPLI » DE NAVIGATION

EEN ROUTE-APP

OBJECTIFS	NOTIONS
• DEMANDER ET DONNER UN CONSEIL • UTILISER QUELQUES TERMES SPÉCIFIQUES AUX APPLICATIONS DE SMARTPHONES • PARLER DES DIFFÉRENTS MOYENS DE TRANSPORT	• LES PRONOMS INDÉFINIS *ELK / IEDER* CHAQUE • LA STRUCTURE *EEN PAAR* QUELQUES • LES PRONOMS PERSONNELS OBJETS NON ACCENTUÉS • L'ADJECTIF POSSESSIF

UNE « APPLI » DE NAVIGATION ?

<u>Harry</u> : Peux-tu me conseiller une « appli » de navigation pour ma femme ?

<u>Marieke</u> : Souhaite-t-elle s'en servir tous les jours ou seulement pendant le week-end ?

<u>Harry</u> : Elle en a (un) besoin pour se rendre au travail avec la voiture, car elle ne veut plus rester coincée tous les matins dans les embouteillages.

<u>Marieke</u> : Le mieux c'est d'installer plusieurs (quelques différentes) « applis » de navigation sur son Smartphone. La plupart sont gratuites, mais parfois on doit payer. Et pour les « applis » en ligne, on a besoin d'une connexion Internet.

<u>Harry</u> : Ça complique les choses (cela rend le difficile), car elle n'a pas de téléphone avec une connexion Internet. N'existe-t-il pas un système facile et bon marché ?

<u>Marieke</u> : Elle peut prendre le train ou le bus ; ça s'appelle les transports en commun ! Et sinon, si elle cherche quelque chose de bon marché, il reste le vélo ou la marche à pied (ou la façon la meilleur marché : elle y va en vélo ou à pied) !

EEN ROUTE-APP?

Harry: Kun je me een route-app voor m'n vrouw aanraden?

Marieke: Wil ze 'm elke dag gebruiken of alleen in het weekend?

Harry: Ze heeft 'r één nodig om met de auto naar d'r werk te gaan, want ze wil niet meer iedere ochtend in de file staan.

Marieke: Je kunt het beste een paar verschillende navigatie-apps op d'r smartphone installeren. De meeste zijn gratis, maar soms moet je betalen. En voor de online-apps heb je internetverbinding nodig.

Harry: Dat maakt 't lastig, want ze heeft geen telefoon met internetverbinding. Bestaat er geen gemakkelijk en goedkoop systeem?

Marieke: Ze kan de trein of bus nemen; dat heet het openbaar vervoer! Of de goedkoopste manier: ze gaat met de fiets of lopend!

■ COMPRENDRE LE DIALOGUE
QUELQUES FORMULES ET EXPRESSIONS

→ **Kun je me een route-app voor m'n vrouw aanraden?** *Peux-tu me conseiller une « appli » de navigation pour ma femme ?* **m'n** *ma* est la forme réduite de **mijn**. D'autres formes réduites de l'adjectif possessif dans ce dialogue sont : **d'r werk** *son travail* et **d'r smartphone** *son Smartphone*. Pour un aperçu de toutes les formes du possessif, reportez-vous à la partie « Grammaire » de ce module.

→ Dans la phrase **Wil ze 'm elke dag gebruiken (…)** *Souhaite-t-elle s'en servir tous les jours (…)* litt. « veut elle la chaque jour utiliser », figure la forme réduite **'m** du pronom **hem** *le, la, lui* sur laquelle nous revenons ci-contre dans l'explication grammaticale sur les pronoms personnels.

→ Les pronoms indéfinis **elk** et **ieder** *chaque, tout/e/tous* sont synonymes. Ils prennent un **e** devant un nom du genre commun : **elke dag** *chaque jour*, **iedere ochtend** *chaque matin*.

→ Dans la phrase **Ze heeft 'r één nodig (…)** *Elle en a besoin (…)* litt. « elle a en un besoin », vous trouvez le nombre **één** *un, une*. Il s'écrit avec deux accents aigus pour le différencier de l'article indéfini **een** *un, une* et pour indiquer la prononciation longue du **e**. La forme **'r** est la forme réduite de **er** *en, y*.

→ Notez l'emploi du verbe de position **staan** *être debout* dans l'expression **(…) in de file staan** *(…) rester coincé/e dans les embouteillages*. Nous allons revenir sur les verbes de position au module 21.

→ **Je kunt het beste een paar verschillende navigatie-apps (…)** *Le mieux c'est (…) plusieurs « applis » de navigation (…)*. En néerlandais, le pronom personnel **je** *tu* peut prendre le sens plus neutre de *on*. La structure /**een paar** + nom/ litt. « une paire » se traduit par *quelques*.

→ **het openbaar vervoer** *les transports en commun*. Cette expression s'emploie uniquement au singulier en néerlandais.

SPÉCIFICITÉS NÉERLANDAISES

Le vélo est un moyen de transport très populaire aux Pays-Bas, où l'on compte plus de vélos que d'habitants. Les Néerlandais se rendent au travail ou à l'école à vélo en parcourant parfois de nombreux kilomètres, même par mauvais temps. Ils ont d'ailleurs à leur disposition des infrastructures importantes, comme de larges pistes cyclables interdites aux voitures ou de grands parkings à vélo, notamment près des gares.

L'abréviation **app** « *appli* » du mot **de applicatie** *l'application* est très courante : **route-app**, **navigatie-app** « *appli* » *de navigation*, **online-app** « *appli* » *en ligne*. Le trait d'union – indiquant la coupure pour la prononciation – s'utilise pour des mots composés difficiles à reconnaître sans celui-ci, par exemple lors d'une suite de voyelles, ou pour des mots composés d'un mot néerlandais et d'un mot étranger.

La langue néerlandaise a par ailleurs fréquemment recours à des termes anglais dans le domaine de la technologie de l'information et de la communication, du sport, du marketing, du monde de l'entreprise ou encore de l'enseignement supérieur. Le langage courant des jeunes est également empreint de mots anglais.

◆ GRAMMAIRE
LES PRONOMS PERSONNELS OBJETS NON ACCENTUÉS

Dans le module 10, vous avez rencontré les formes accentuées du pronom personnel objet. Voici les formes non accentuées :
me *me, moi* ; **je** *te, toi* ; **u** *vous* ; **'m** *le, la, lui* ; **'r (d'r)*** *la, lui* ; **'t** *le, la, lui* ; **ons** *nous* ; **jullie** *vous* ; **ze** *les, leur*.
* Pour des raisons de liaison on peut prononcer [der] au lieu de [er].

Rappelez-vous que la forme réduite est une forme contractée – prononcée avec un **e** atone – dans laquelle l'élision des lettres est marquée à l'écrit par une apostrophe. Cette forme est surtout courante à l'oral. Les formes accentuées sont moins fréquentes, du fait qu'elles sont notamment utilisées pour faire ressortir le pronom, pour exprimer un contraste par exemple. L'accent tonique est, dans ce cas, placé sur le pronom accentué :
We houden van hem maar niet van haar! *Nous l'aimons, lui, mais elle, nous ne l'aimons pas !* / **We houden van 'm**, *Nous l'aimons*.
Ze zien haar morgen, *Ils la voient, elle, demain*. / **Ze zien 'r morgen**, *Ils la voient demain*.

L'ADJECTIF POSSESSIF

Vous trouverez ci-dessous un aperçu des adjectifs possessifs. En néerlandais, contrairement au français, les adjectifs possessifs « s'accordent » avec le (nom du) possesseur et sont invariables, sauf **ons/onze** *notre, nos* :
ons s'emploie devant un nom du genre neutre : **ons kind** *notre enfant*.
onze s'emploie devant un nom du genre commun : **onze dochter** *notre fille*.

Notez la différence entre **zijn** *son*, *sa*, *ses* et **haar** *son*, *sa*, *ses* :

zijn se réfère toujours à un homme : Hans → **zijn dochter** *sa fille* (à lui).

haar se réfère toujours à une femme : Eva → **haar dochter** *sa fille* (à elle).

mon, ma, mes	*ton, ta, tes*	*votre, vos*	*son, sa, ses* (à lui)	*son, sa, ses* (à elle)	*notre, nos*	*votre, vos*	*leur, leurs*
Formes accentuées :							
mijn	**jouw**	**uw***	**zijn**	**haar**	**ons/ onze**	**jullie****	**hun**
Formes non accentuées :							
m'n	**je**	**uw***	**z'n**	**d'r**	**ons/ onze**	**jullie****	**hun**

* forme de politesse

** possesseurs pluriels tutoiement

⬢ EXERCICES

1. COMPLÉTEZ À L'AIDE DE L'ADJECTIF POSSESSIF QUI CORRESPOND AU PRONOM ENTRE PARENTHÈSES.

a. (hij) .... zoon heeft geen smartphone.

b. (zij) (sing.) .... dochters staan elke dag in de file.

c. (we) .... kinderen nemen iedere ochtend de bus.

d. (we) .... huis heeft een grote woonkamer en een open keuken.

2. TRANSFORMEZ LES FORMES ACCENTUÉES EN FORMES NON ACCENTUÉES.

a. Hoe is het met hem?

→ ....

b. Ik zie jouw naam niet in mijn bestand staan.

→ ....

c. Wij houden veel van haar.

→ ....

d. Zij willen er één met internetverbinding.

→ ....

VOCABULAIRE

de route-app l'« appli » de navigation
m'n mon, ma, mes
aanraden conseiller
'm le, la, lui
elk/e chaque, tout/e/tous
gebruiken se servir de, utiliser
alleen seulement
het weekend le week-end
één un/e (nombre)
'r en, y
de auto la voiture
het werk le travail
ieder/e chaque, tout/e/tous
in de file staan être/rester coincé/e dans les embouteillages
de file l'embouteillage
staan être debout
het beste le mieux
een paar (+ nom) quelques, une paire
verschillend différent/e (adj.)
de navigatie-app l'« appli » de navigation
de smartphone le Smartphone
installeren installer
de meeste la plupart
gratis gratuit/e
betalen payer
de online-app l'« appli » en ligne
online en ligne
de internetverbinding la connexion Internet
lastig maken rendre difficile, compliquer les choses
't le, la, lui
bestaan exister
gemakkelijk facile
goedkoop bon marché
het systeem le système
de trein le train
het openbaar vervoer (sing.) les transports en commun
goedkoopste meilleur marché
de manier la façon, la manière
lopend à pied
je te, toi
'r (d'r) la, lui
ze les, leur
jouw ton, ta, tes
z'n son, sa, ses (à lui)
d'r son, sa, ses (à elle)
ons/onze notre, nos
jullie votre, vos

3. TRADUISEZ LES PHRASES SUIVANTES :

a. Hij wil met het openbaar vervoer naar zijn werk gaan.

→ ....

b. Kun je een paar apps op m'n smartphone installeren?

→ ....

c. Er bestaat een gemakkelijk en goedkoop systeem.

→ ....

d. Ze hebben er één nodig om naar het buitenland te kunnen reizen.

→ ....

4. ÉCOUTEZ L'ENREGISTREMENT. LES PHRASES CI-DESSOUS SONT-ELLES CORRECTES ? COCHEZ *WAAR* / *NIET WAAR* SELON LE CAS. LISEZ ENSUITE À VOIX HAUTE CHAQUE PHRASE ET RÉÉCOUTEZ L'ENREGISTREMENT.

17

	WAAR	NIET WAAR
a. Heeft d'r smartphone een internetverbinding?		
b. Waar is ze? Is ze op d'r werk?		
c. Hij heeft 'r één nodig om naar 't strand te gaan.		
d. Z'n dochter gaat met de tram naar huis.		
e. Onze zoon ziet 'm niet zo vaak.		

16. FAIRE DES COURSES

BOODSCHAPPEN DOEN

OBJECTIFS

- **MANIER LES EXPRESSIONS COURANTES UTILISÉES DANS LES MAGASINS**
- **EXPRIMER SES BESOINS, SES ENVIES DANS UN MAGASIN**

NOTIONS

- **LA NÉGATION *GEEN MEER* NE PLUS**
- **L'INTERROGATIF *WELK?* QUEL/S, QUELLE/S ?**
- **QUELQUES ÉLÉMENTS DU LEXIQUE ALIMENTAIRE**
- **LES VERBES À PARTICULE SÉPARABLE**
- **LE FUTUR**

FAIRE DES COURSES

Chez le boulanger

Vendeuse : C'est à qui le tour ?

Client : [À] Moi (je) ! Deux pains complets s'il te plaît.

Vendeuse : Autre chose ?

Client : Un pain [de] seigle.

Vendeuse : Nous n'avons plus de pain [de] seigle.

Client : Ce n'est pas grave.

Chez le boucher

Boucher : Vous désirez ?

Cliente : 150 grammes [de] jambon et un rôti de bœuf.

Boucher : Ce sera tout ?

Cliente : Et un petit morceau de saucisse de pâté de foie (foie-saucisse) s'il vous plaît.

Boucher : Voici.

À la fromagerie (fromage-magasin)

Fromager : Puis-je t'aider ?

Cliente : Oui, quelles sortes [de] fromages me conseilles-tu pour un plateau de fromages (fromage-petite-planche) ? Et [de] combien [de] fromages ai-je besoin par personne ?

Fromager : Tu choisis d'abord quatre ou cinq fromages de goûts différents. Base-toi sur environ 100 grammes par personne. Et…

Cliente : Je suis pressée. Compose[-moi] quelque chose de bon. Je viendrai le chercher à six heures. Et je voudrais payer par carte bancaire.

Fromager : Comme tu voudras ! Le client est roi !

BOODSCHAPPEN DOEN

Bij de bakker

Verkoopster: Wie is er aan de beurt?

Klant: Ik! Twee bruine broden alsjeblieft.

Verkoopster: Anders nog iets?

Klant: Een roggebrood.

Verkoopster: We hebben geen roggebrood meer.

Klant: Dat is niet erg.

Bij de slager

Slager: Wat mag het zijn?

Klant: Anderhalf ons ham en een runderrollade.

Slager: Dat is het?

Klant: En een stukje leverworst graag.

Slager: Alstublieft.

In de kaaswinkel

Kaasboer: Kan ik je helpen?

Klant: Ja, welke soorten kaas raad je me voor een kaasplankje aan? En hoeveel kaas heb ik per persoon nodig?

Kaasboer: Je kiest eerst 4 of 5 kazen van verschillende smaken uit. Ga maar van ongeveer 100 gram per persoon uit. En …

Klant: Ik heb haast. Stel maar iets lekkers samen. Ik kom het om zes uur ophalen. En ik wil graag pinnen.

Kaasboer: Zoals je wilt! De klant is koning!

COMPRENDRE LE DIALOGUE
QUELQUES FORMULES ET EXPRESSIONS

→ **Wie is er aan de beurt?** *C'est à qui le tour ?* litt. « qui y a-t-il au tour ? ». Pour avoir un aperçu des expressions courantes utilisées dans les magasins, reportez-vous à la partie « Spécificités néerlandaises » de ce module.

→ **de klant** *le/la client/e* peut référer à un homme ou une femme.

→ **We hebben geen roggebrood meer** *Nous n'avons plus de pain de seigle*. Rappelez-vous que la négation **geen** *ne... pas* est utilisée devant un nom indéfini. Il en va de même pour la structure **geen ... meer** *ne... plus*.

→ **Anderhalf ons (...)** *150 grammes (...)*. Notez la forme irrégulière du numéral **anderhalf** *un et demi*.

→ **Ja, welke soorten kaas raad je me voor een kaasplankje aan?** *Oui, quelles sortes de fromages me conseilles-tu pour un plateau de fromages ?* L'interrogatif **welk** *quel/s, quelle/s* prend un **e** devant un nom du genre commun. Dans cette phrase figure le verbe à particule séparable **aanraden** *conseiller*. Reportez-vous à la partie « Grammaire » de ce module pour en savoir plus.

→ **Ga maar van ongeveer 100 gram per persoon uit** *Base-toi sur environ 100 grammes par personne*. Le verbe à particule séparable **uitgaan van** *se baser sur*, n'est pas pronominal en néerlandais.

→ **Ik heb haast** *Je suis pressée* litt. « j'ai hâte ». Notez l'emploi du verbe **hebben** *avoir* dans cette expression.

→ **Stel maar iets lekkers samen** *Compose-moi quelque chose de bon*. L'adjectif placé directement après **iets** *quelque chose* prend toujours un **s** : **iets lekkers** *quelque chose de bon*. Avez-vous reconnu le verbe à particule séparable **samenstellen** *composer ?*

→ **Ik wil graag pinnen** *Je voudrais payer par carte bancaire* litt. « je veux volontiers utiliser ma carte bancaire ».

→ **Zoals je wilt!** *Comme tu voudras !* litt. « veux ».

SPÉCIFICITÉS NÉERLANDAISES

Voici quelques expressions courantes utilisées dans les magasins :
Wie is er aan de beurt? *C'est à qui le tour ?* litt. « qui y a-t-il au tour ? » ; **Anders nog iets?** *Autre chose ?* litt. « autre encore quelque-chose ? » ; **Wat mag het zijn?** *Vous désirez ?* litt. « que peut-il être ? » ; **Dat is het?** *Ce sera tout ?* litt. « cela est le ? » ; **Kan ik je helpen?** *Puis-je t'aider ?* ; **Ik wil graag pinnen** *Je voudrais payer par carte bancaire.*

Souvenez-vous que les Néerlandais se tutoient très facilement, y compris dans les lieux publics, les magasins, les restaurants ou les cafés, et ceci même lorsqu'ils ne se connaissent pas.

Le verbe **pinnen** *payer par carte bancaire* ou *retirer de l'argent au distributeur*, est dérivé de l'acronyme **PIN Persoonlijk Identificatie Nummer** *numéro personnel d'identification*.

À la base, les Néerlandais différencient *le pain blanc, le pain de mie* **het witbrood** du *pain bis, complet* **het bruinbrood**. Mais il existe une telle variété de pains aux Pays-Bas que vous avez l'embarras du choix parmi les différentes sortes de pains existantes, comme par exemple : **tarwebrood** *pain de froment*, **volkorenbrood** *pain intégral*, **meergranenbrood** *pain aux céréales*, **roggebrood** *pain de seigle*.

Le fromage **de kaas** est omniprésent dans la culture culinaire néerlandaise. Les plus connus sont **de Goudse kaas** *le gouda*, nommé d'après la ville Gouda et **de Edammer** *l'edam*, originaire de la ville d'Edam. Différents adjectifs servent à indiquer sa maturation : **jong** *jeune* (maturation de quatre semaines), **belegen** *fait* (de quatre mois) et **oud** *vieux* (d'un an).

◆ GRAMMAIRE
LES VERBES À PARTICULE SÉPARABLE

Les verbes à particule séparable sont très fréquents en néerlandais. La particule, attachée à l'infinitif, se détache de celui-ci lors de la conjugaison au présent et à l'impératif, et se place en principe à la fin de la proposition principale :

Welke soorten kaas raad je me voor een kaasplankje aan? *Oui, quelles sortes de fromages me conseilles-tu pour un plateau de fromages ?*
Je kiest eerst 4 of 5 kazen van verschillende smaken uit *Tu choisis d'abord quatre ou cinq fromages de goûts différents.*
Ga maar van ongeveer 100 gram per persoon uit *Base-toi sur environ 100 grammes par personne.*
Stel maar iets lekkers samen *Compose-moi quelque chose de bon.*

La particule peut également se placer devant un complément introduit par une préposition : **(...) komt vrij in december** *(...) se libère en décembre*. Cette dernière structure, considérée comme plus légère, n'est toutefois possible que pour les compléments introduits par une préposition. C'est pour cela que nous vous conseillons de prendre l'habitude de placer la particule à la fin de la phrase ! Ce qui donne dans ce cas précis : **(…) komt in december vrij** *(…) se libère en décembre.*

La préposition **te** *de* se place entre la particule et la partie verbale sans s'y rattacher :
We hebben verschillende soorten kaas nodig om een lekkere kaasplank samen te stellen *Nous avons besoin de différentes sortes de fromages pour composer un bon plateau de fromages.*
Hij heeft zin om iets lekkers uit te kiezen *Il a envie de choisir quelque chose de bon.*
Heb je tijd om me een leuk café aan te raden? *As-tu le temps de me conseiller un café sympa ?*

▲ CONJUGAISON
LE FUTUR

La plupart du temps, pour exprimer le futur, il suffit d'utiliser le verbe au présent accompagné d'un complément de temps ou d'un interrogatif temporel :
Ik kom het om zes uur ophalen *Je viendrai le chercher à 6 heures.*
Hoe laat ben je terug? *À quelle heure seras-tu de retour ?*
Wanneer is ze terug? *Quand sera-t-elle de retour ?*

Le verbe **gaan** *aller* est aussi fréquemment utilisé pour exprimer un futur (proche) :
We gaan beginnen *Nous allons commencer.*
Heb je zin om vanavond mee naar de film te gaan? *As-tu envie de nous accompagner au cinéma ce soir ?*

● EXERCICES

1. RELIEZ CHAQUE DÉBUT DE PHRASE À LA SUITE QUI LUI CORRESPOND.

a. Wie is er aan de beurt?   .   . 1. Anderhalf ons ham, alstublieft.

b. Kan ik u helpen?   .   . 2. Ik! Ik wil graag een pond belegen kaas.

c. Dat is het?   .   . 3. Ja graag! Kunt u me iets lekkers aanraden?

d. Wat mag het zijn?   .   . 4. Nee, ik wil ook graag een meergranenbrood.

VOCABULAIRE

boodschappen doen *faire des courses*
de boodschap *la course*
de bakker *le boulanger*
de verkoopster *la vendeuse*
wie is er aan de beurt? *à qui le tour ?*
de klant *le/la client/e*
het bruinbrood *le pain bis, complet*
bruin *brun/e*
het brood *le pain*
alsjeblieft *s'il te plaît*
anders nog iets? *autre chose ?*
het roggebrood *le pain de seigle*
geen ... meer *ne... plus*
erg *grave*
de slager *le boucher*
wat mag het zijn? *vous désirez ?*
anderhalf *un et demi*
de ham *le jambon*
de runderrollade *le rôti de bœuf*
dat is het? *ce sera tout ?, c'est tout ?*
het stuk *le morceau*
de leverworst *la saucisse de pâté de foie*
de kaaswinkel *la fromagerie*
de kaas *le fromage*
de kaasboer *le fromager*
de winkel *le magasin*
helpen *aider*
welk/e? *quel/s, quelle/s ?*
de soort *la sorte*
de kaasplank *le plateau à/de fromages*
de persoon *la personne*
uitkiezen *choisir, sélectionner*
de smaak *le goût*
uitgaan van *se baser sur*
haast hebben *être pressé/e*
samenstellen *composer*
lekker *bon/ne* (adj.)
pinnen *payer par carte bancaire, retirer de l'argent au distributeur*
de koning *le roi*
PIN Persoonlijk Identificatie Nummer *numéro personnel d'identification*
het witbrood *le pain blanc, le pain de mie*
het tarwebrood *le pain de froment*
het volkorenbrood *le pain intégral*
het meergranenbrood *le pain aux céréales*
de Goudse kaas *le gouda*
de Edammer *l'edam*
jong *jeune*
belegen *fait* (fromage)

2. COMPLÉTEZ LES PHRASES À L'AIDE DE LA BONNE PARTICULE ET INDIQUEZ SI ELLE EST ATTACHÉE AU VERBE OU SÉPARÉE.

a. Hij heeft haar nummer nodig om haar .... te nodigen. → ....

b. Het is niet gemakkelijk om iets leuks voor haar .... te kiezen. → ....

c. Waarom ga je niet met ons .... ? → ....

d. Je kunt na de piep een boodschap .... spreken. → ....

e. Ze stelt hem aan de buurvrouw .... → ....

f. Hoe laat wil je .... staan? → ....

g. Daar komt de trein .... → ....

3. ENTOUREZ LA BONNE FORME DU VERBE PARMI LES FORMES PROPOSÉES.

a. Ze wil/will de kaas om zes uur ophalen.

b. Hij heeft /hebt geen tijd, want hij heeft/is haast.

c. Zoals u wil / willen.

d. Welke soorten kaas raad /raadt je me aan.

4. ÉCOUTEZ L'ENREGISTREMENT PUIS COMPLÉTEZ LES PHRASES ET LISEZ-LES À VOIX HAUTE. ENFIN, RÉÉCOUTEZ L'ENREGISTREMENT.

a. .... brood hebben we .... nodig?

b. De .... is ....!

c. .... u .... van .... uit.

d. Hij wil een ...., een .... en een stuk ....

e. We hebben .... nodig om een .... te ....

17. SORTIR AU RESTAURANT

NAAR HET RESTAURANT GAAN

OBJECTIFS

- SAVOIR EMPLOYER PLUSIEURS TOURNURES UTILES AU RESTAURANT
- SAVOIR COMMANDER DANS UN RESTAURANT OU UN CAFÉ
- ÉNUMÉRER DIFFÉRENTS PLATS ET BOISSONS
- SAVOIR DIRE QU'ON A FAIM/SOIF

NOTIONS

- SE FAMILIARISER AVEC LA NOTION *HET EETCAFÉ* CAFÉ-RESTAURANT
- CONNAÎTRE QUELQUES PLATS DE LA CUISINE NÉERLANDAISE ET INDONÉSIENNE
- LES NOMS AU PLURIEL (SUITE)
- PARLER DE SES PRÉFÉRENCES ET DE SES GOÛTS

LE CAFÉ-RESTAURANT INDONÉSIEN

Bas : Pouvons-nous [avoir] la carte ?

Serveuse : Voici. Sur place ou à emporter ?

Bas : Sur place.

Nelleke : J'ai faim : je prends une entrée et après le plat du jour.

Bas : Je préfère [prendre] un plat principal et puis un dessert. Ou on peut commander un buffet indonésien ?!

Nelleke : Oui, délicieux !

Bas : Je raffole des gambas à la sauce saté. Mais je n'aime pas [la nourriture] épicée, donc pour moi, pas trop de piment !

Bas : Je trouve que c'est un peu fade. Peux-tu me passer le sel et le poivre ?

Nelleke : Tiens. Qu'est-ce qu'on boit avec ça ?

Bas : J'aimerais [du] rosé.

Nelleke : J'ai soif ! Je vais prendre du thé.

Serveuse : Désirez-vous un dessert ?

Bas : Je voudrais un café. Et une crêpe sans sucre pour la (cette) demoiselle. Et l'addition s'il te plaît.

19 HET INDONESISCHE EETCAFÉ

Bas: Mogen we de kaart?

Serveerster: Alsjeblieft. Hier opeten of meenemen?

Bas: Hier opeten.

Nelleke: Ik heb honger: ik neem een voorgerecht en daarna de dagschotel.

Bas: Ik heb liever een hoofdgerecht en dan een toetje. Of zullen we een rijsttafel bestellen?

Nelleke: Ja, heerlijk!

Bas: Ik ben gek op gamba's met satésaus. Maar ik houd niet van pikant, dus voor mij niet te veel sambal!

Bas: Ik vind het een beetje flauw. Kun je me het zout en de peper aangeven?

Nelleke: Alsjeblieft. Wat drinken we erbij?

Bas: Ik heb het liefst rosé.

Nelleke: Ik heb dorst en neem thee.

Serveerster: Willen jullie een dessert?

Bas: Ik wil graag een koffie. En een pannenkoek zonder suiker voor deze jongedame. En de rekening alsjeblieft.

■ COMPRENDRE LE DIALOGUE
QUELQUES FORMULES ET EXPRESSIONS

→ **het Indonesische eetcafé** *le café-restaurant indonésien* litt. « indonésien mange café ». Le nom du pays est **Indonesië** *Indonésie*. Rappelez-vous que le **ë** se prononce [ye].

→ **Mogen we de kaart?** *Pouvons-nous [avoir] la carte ?* Le verbe **hebben** *avoir* est sous-entendu. Au lieu de **de kaart** *la carte*, on peut aussi demander **de menukaart** *la carte des menus*.

→ **Hier opeten of meenemen?** *Sur place ou à emporter ?* litt. « ici manger ou emporter ».

→ **(…) een voorgerecht en daarna de dagschotel** *(…) une entrée et après le plat du jour* litt. « un avant plat et y après le jour plat ».

→ **Ik heb liever een hoofdgerecht en dan een toetje** *Je préfère [prendre] un plat principal et puis un dessert* litt. « j'ai de préférence un principal plat et puis un petit après ». Le nom **het toetje** *le dessert* s'emploie habituellement en famille. Vous trouvez aussi **het nagerecht** litt. « après plat » ou **het dessert** *le dessert*.

→ **(…) een rijsttafel bestellen** *(…) commander un buffet indonésien* litt. « riz table commander ».

→ **Ik ben gek op gamba's met satésaus** *Je raffole des gambas à la sauce saté* litt. « je suis fou sur gambas avec saté-sauce ».

→ **Ik wil graag een koffie** *Je voudrais un café* litt. « je veux volontiers un café ». Ne confondez pas **het café** *le café* (le lieu) avec **de koffie** *le café* (la boisson).

→ **En een pannenkoek zonder suiker voor deze jongedame** *Et une crêpe sans sucre pour la demoiselle* litt. « et un poêle gâteau sans sucre pour cette jeune dame ».

SPÉCIFICITÉS NÉERLANDAISES

Il y a plusieurs sortes de cafés aux Pays-Bas, dont **het eetcafé** *le café-restaurant*, se situant entre un *café* **café** et un *restaurant* **restaurant** ou encore *le café brun* **het bruin café** qui se caractérise par son intérieur aux murs jaunis, avec des meubles en bois foncé et des tables couvertes de tapis grenat ou brun.

Il existe un large choix de restaurants aux Pays-Bas, mais très peu proposent des plats typiquement néerlandais. Ces derniers se mangent plutôt à la maison, en famille, comme par exemple **de boerenkool** *la potée de chou frisé* litt. « fermiers chou » : une purée de pommes de terre, mélangée avec une variété de chou frisé finement haché, que l'on mange souvent avec **de rookworst** *la saucisse fumée*.

Il existe également **de andijviestamppot** *la potée de pommes de terre et de scarole* litt. « écrase pot » ou **de hutspot** *la potée de pommes de terre, de carottes et d'oignons* litt. « mélange pot ».

En règle générale, les restaurants proposent plutôt une cuisine « d'ailleurs », dont la cuisine indonésienne, qui est très appréciée par les Néerlandais. Cette popularité trouve son origine au XVIIe siècle, lorsque les Néerlandais colonisèrent l'Indonésie. Parmi les plats les plus connus on trouve **de rijsttafel** une sorte de *buffet indonésien*, composé d'un ensemble de petits plats indonésiens, de riz et de différentes sauces, de **nasi goreng**, un plat à base de riz frit, et de **saté**, une petite brochette de viande accompagnée de sauce saté, le tout plus ou moins relevé avec du **sambal** *purée de piment*. L'influence de la cuisine indonésienne se fait également ressentir au **snackbar** *friterie*, où l'on ne trouve pas seulement des **frietjes** *frites*, mais aussi **de nasibal** *la boulette de riz* ou **de bamischijf** *la galette aux nouilles*.

Bon appétit ! **Eet smakelijk! / Smakelijk eten!**

◆ GRAMMAIRE
LES NOMS AU PLURIEL (SUITE)

Après les noms qui se terminent par une voyelle longue **-a**, **-o**, **-i** ou **-u**, il convient d'ajouter une apostrophe avant le **-s** pour conserver la prononciation longue de la voyelle. N'oubliez pas que le **-s** final se prononce toujours :
de gamba *la gamba* – **de gamba's** *les gambas* ; **de kilo** *le kilo* – **de kilo's** *les kilos* ; **de kiwi** *le kiwi* – **de kiwi's** *les kiwis* ; **het menu** *le menu* – **de menu's** *les menus*.

Le pluriel en **-s** s'utilise aussi pour des noms d'emprunt, comme par exemple :
de film *le film* – **de films** *les films* ; **de computer** *l'ordinateur* – **de computers** *les ordinateurs*.

PARLER DE SES PRÉFÉRENCES ET DE SES GOÛTS

On peut facilement exprimer ses préférences à l'aide de **graag** *volontiers*, **liever** *de préférence* et **het liefst** *par-dessus tout*, précédé d'un verbe. Toutes sortes de verbes s'emploient pour indiquer sa préférence :
Ik drink graag rosé *J'aime boire (du) rosé* ; **Ik drink liever rosé** *Je préfère boire (du) rosé* ; **Ik drink het liefst rosé** *Je préfère par-dessus tout boire (du) rosé*.

Ik ga graag naar de film *J'aime aller au cinéma* ; **Ik ga liever naar de film** *Je préfère aller au cinéma* ; **Ik ga het liefst naar de film** *Je préfère par-dessus tout aller au cinéma*.
Ik heb graag thee *Je voudrais du thé* litt. « j'ai volontiers thé » ; **Ik heb liever thee** *Je préfère (avoir) du thé* ; **Ik heb het liefst thee** *Je préfère par-dessus tout le/du thé*.

Associé à **graag** *volontiers*, les verbes **willen** *vouloir* et **hebben** *avoir* expriment un souhait, souvent rendu par le conditionnel en français :
Ik heb/wil graag thee *Je voudrais [du] thé*.

On peut aussi utiliser les verbes **houden van** *aimer*, **vinden** *trouver* ou les structures **gek/dol zijn op** *raffoler de, être fou de, adorer* :
Ik houd niet van pikant *Je n'aime pas [la nourriture] épicée.*
Ik vind het een beetje flauw *Je trouve que c'est un peu fade.*
Ik ben gek/dol op gamba's met satésaus *Je raffole des gambas à la sauce saté.*

 **EXERCICES**

1. RAYEZ L'INTRUS PARMI CHAQUE LISTE.

a. dessert / hoofdgerecht / toetje / nagerecht

b. rijsttafel / nasibal / bamischijf / kaas

c. bestellen / meenemen / ophalen / aangeven

d. eetcafé / restaurant / koffie / snackbar

e. sambal / peper / zout / pannenkoek

2. METTEZ LES MOTS SUIVANTS AU PLURIEL :

a. de foto → ....

b. het risico → ....

c. de flat → ....

d. de oma → ....

VOCABULAIRE

Indonesisch *indonésien/ne* (adj.)
het eetcafé *le café-restaurant*
de kaart *la carte*
de serveerster *la serveuse*
hier opeten *manger sur place*
meenemen *à emporter*
het voorgerecht *l'entrée* (plat)
daarna *après cela, puis*
de dagschotel *le plat du jour*
liever *de préférence*
het hoofdgerecht *le plat principal*
het toetje *le dessert*
de rijsttafel *le buffet indonésien*
de rijst *le riz*
de tafel *la table*
bestellen *commander*
heerlijk *délicieux/-se*
gek zijn op *raffoler de / être fou de / adorer*
de gamba *la gamba*
de satésaus *la sauce saté*
pikant *épicé/e*
de sambal *la purée de piment (sambal)*
een beetje *un peu*
flauw *fade*
het zout *le sel*
de peper *le poivre*
aangeven *passer*
alsjeblieft! *tiens !*
erbij *avec*
het liefst *de préférence, par-dessus tout*
de rosé *le rosé*
het dessert *le dessert*
graag willen *vouloir*
de koffie *le café* (boisson)
de pannenkoek *la crêpe*
zonder *sans*
de suiker *le sucre*
de jongedame *la demoiselle / la jeune fille*
de rekening *l'addition*
Indonesië (het) *l'Indonésie*
de menukaart *la carte des menus*
het menu *le menu*
het nagerecht *le dessert*
het café *le café* (le lieu)
het restaurant *le restaurant*
het bruin café *le café brun*
de boerenkool *la potée de chou frisé*
de rookworst *la saucisse fumée*
de andijviestamppot *la potée de pommes de terre et de scarole*
de hutspot *la potée de pommes de terre, de carottes et d'oignons*
de nasi goreng *plat à base de riz frit*
de saté *une petite brochette de viande accompagnée de sauce saté*
de snackbar *la friterie*
de friet/frietjes *les frites*
de nasibal *la boulette de riz*
de bamischijf *la galette aux nouilles*
eet smakelijk! / smakelijk eten! *bon appétit !*
dol zijn op *raffoler de / être fou de / adorer*
de kiwi *le kiwi*

3. TRADUISEZ LES PHRASES SUIVANTES :

a. Je voudrais du café.

→ ....

b. Préfères-tu boire du vin ou de la bière ?

→ ....

c. Ils préfèrent par-dessus tout aller à la plage.

→ ....

d. Il raffole de pain avec du fromage jeune.

→ ....

e. Bon appétit !

→ ....

4. ÉCOUTEZ LES PHRASES SUIVANTES (PUIS PRESSEZ « PAUSE »). TRANSFORMEZ-LES À LA FORME NÉGATIVE PUIS ÉCOUTEZ LE CORRIGÉ.

a. Ik houd van friet met satésaus.

→ ....

b. We vinden die toetjes lekker.

→ ....

c. Waarom zijn Nederlanders gek op gerechten uit Indonesië?

→ ....

d. Ze eten graag pannenkoeken.

→ ....

18.
CHEZ LE MÉDECIN
BIJ DE DOKTER

OBJECTIFS

- COMMUNIQUER PAR TÉLÉPHONE : RÉPONDRE, SALUER, UTILISER DES FORMULES STANDARD

- DEMANDER CE QUI SE PASSE ET RÉPONDRE À CETTE QUESTION

- S'EXPRIMER CHEZ LE MÉDECIN : DÉCRIRE DES SYMPTÔMES ET PARLER DE SON ÉTAT PHYSIQUE

NOTIONS

- DÉSIGNER CERTAINES MALADIES

- SE FAMILIARISER AVEC LES SERVICES PROPOSÉS PAR LES MÉDECINS

- PETIT LEXIQUE DU CORPS HUMAIN

- LE PRONOM SUJET IMPERSONNEL *ER* IL

LE CABINET MÉDICAL

Dring, dring…

<u>Assistante</u> : (Avec) Cabinet médical Bien-être [bonjour].

<u>Lucas</u> : (Avec) Lucas [à l'appareil]. Puis-je parler au docteur ?

<u>Assistante</u> : De quoi souffres-tu ?

<u>Lucas</u> : J'ai mal à la tête et 39 (degrés) [de] fièvre.

<u>Assistante</u> : Le docteur est [déjà] en ligne. Veux-tu rappeler ou patienter ? Oh, elle vient de raccrocher, je te [la] passe.

<u>Docteur</u> : Bonjour Lucas. De quoi souffres-tu, à part le mal de tête et la fièvre ?

<u>Lucas</u> : J'ai mal à la gorge et des courbatures (gorge mal et muscle mal dans mon tout corps). Et puis, je suis très fatigué.

<u>Docteur</u> : Tu tousses ?

<u>Lucas</u> : Oui.

<u>Docteur</u> : Il y a différentes épidémies en circulation, dont la grippe. Tes symptômes y ressemblent en tout cas. Je te prépare une ordonnance pour un sirop contre la toux et un antidouleur. Et puis, [il faut] boire beaucoup d'eau. Mais si ta fièvre augmente, (alors) tu dois passer nous voir. Bon rétablissement !

<u>Lucas</u> : Merci.

DE HUISARTSENPRAKTIJK

Tring, tring …

Assistente: Met huisartsenpraktijk Welzijn.

Lucas: Met Lucas. Kan ik de dokter spreken?

Assistente: Waar heb je last van?

Lucas: Ik heb hoofdpijn en 39 graden koorts.

Assistente: De dokter is in gesprek. Wil je terugbellen of blijf je aan de lijn? O, ze hangt net op, ik verbind je door.

Dokter: Dag Lucas. Wat zijn je klachten behalve de hoofdpijn en koorts?

Lucas: Keelpijn en spierpijn in m'n hele lichaam. Verder ben ik erg moe.

Dokter: Hoest je?

Lucas: Ja.

Dokter: Er heersen verschillende epidemieën, waaronder de griep. Je symptomen lijken er in ieder geval op. Ik leg een recept voor een hoestdrank en pijnstiller voor je klaar. Verder veel water drinken. Maar als je meer koorts krijgt, dan moet je langskomen. Beterschap!

Lucas: Bedankt.

COMPRENDRE LE DIALOGUE
QUELQUES FORMULES ET EXPRESSIONS

→ **Met huisartsenpraktijk Welzijn** *Cabinet médical Bien-être*. Notez que **de huisartsenpraktijk** se compose de trois noms : **het huis** *la maison*, **artsen** *médecins* et **de praktijk** *la pratique, le cabinet*. Le nom **de huisarts** réfère au *généraliste, médecin traitant/de famille*.

→ **Waar heb je last van?** *De quoi souffres-tu ?* litt. « d'où as-tu gêne de ». L'expression est **last hebben van** *être gêné, incommodé par*.

→ **Ik heb hoofdpijn (…)** *J'ai mal à la tête (…)*. La plupart du temps, il suffit de combiner le mot indiquant la partie du corps où l'on a mal et d'y ajouter le mot **pijn** *douleur, mal*. Plus loin dans le dialogue, vous trouvez **de keelpijn** *le mal de gorge* et **de spierpijn** *les courbatures* litt. « muscle douleur ». On peut également dire : **pijn in mijn hoofd/keel**.

→ **(…) ze hangt net op (…)** *elle vient de raccrocher (…)* : **net** *(tout) juste* permet d'indiquer un passé récent.

→ **Wat zijn je klachten (…)?** *De quoi souffres-tu (…) ?* litt. « que sont tes plaintes ». Reportez-vous aux « Spécificités néerlandaises » de ce module pour un aperçu des expressions fréquentes utilisées chez le médecin.

→ **Je symptomen lijken er (…) op** *Tes symptômes y ressemblent (…)*. Le verbe **lijken** est suivi de la préposition **op** pour exprimer *ressembler à*.

→ **(…) als je meer koorts krijgt, dan moet je langskomen** *(…) si ta fièvre augmente, tu dois passer nous voir* litt. « si tu plus fièvre obtient, alors dois-tu le long venir ». Le verbe **krijgen** *obtenir, recevoir* peut indiquer un changement d'état et se traduit alors par *commencer à avoir*.

SPÉCIFICITÉS NÉERLANDAISES

Ce dialogue permet de découvrir quelques formules téléphoniques supplémentaires :
in gesprek zijn *être en ligne* litt. « être en conversation » ; **terugbellen** *rappeler* litt. « retour appeler » ; **aan de lijn blijven** *rester en ligne* ; **ophangen** *raccrocher* ; **doorverbinden** *passer la communication* litt. « à travers lier ».

Pour s'exprimer chez le médecin, décrire ses symptômes et évoquer son état physique, les expressions suivantes sont fréquentes :
last hebben van *souffrir de* litt. « gêne avoir de » ; **klachten hebben** *souffrir de* litt. « plaintes avoir » ; **koorts hebben** *avoir de la fièvre* ; **ziek/moe zijn** *être malade/*

fatigué/e ; **hoesten** *tousser* ; **de griep hebben** *avoir la grippe* ; **pijn hebben** *avoir mal*, *avoir des douleurs* ; **pijn doen** *faire mal*.

En règle générale, les Néerlandais limitent les visites chez le médecin ainsi que la prise de médicaments. Cet état d'esprit concorde avec la volonté politique aux Pays-Bas de contenir les coûts de la santé. Les services proposés par les médecins, comme *la consultation par téléphone* **het telefonisch spreekuur** ou *la consultation par Internet* **het e-consult** sont de ce fait payants.
La plupart du temps, la consultation par téléphone a lieu quotidiennement à des horaires fixes et permet de poser des questions simples ou de demander *le renouvellement d'ordonnance* **het herhaalrecept**. La consultation par Internet permet de s'entretenir avec un médecin en ligne, par exemple au sujet d'*un médicament* **het medicijn** ou d'une maladie sans gravité comme *être enrhumé/e* **verkouden zijn**.

PETIT LEXIQUE DU CORPS HUMAIN

Voici quelques noms de différentes parties du corps :

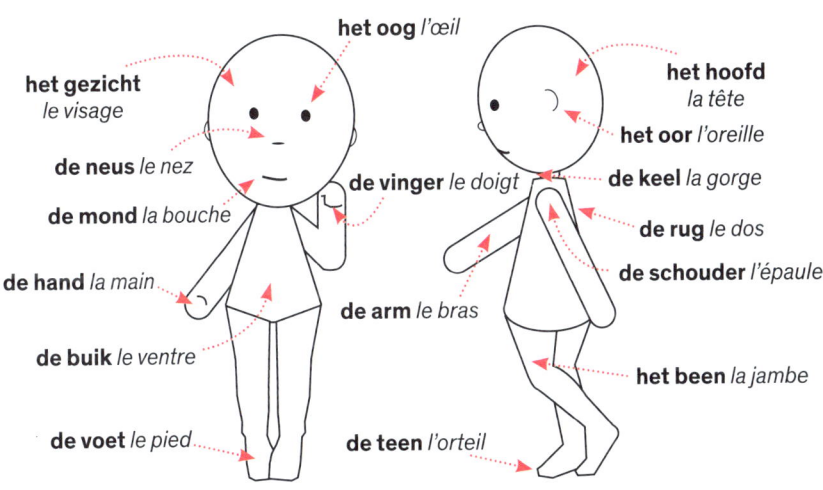

het oog *l'œil*
het gezicht *le visage*
het hoofd *la tête*
het oor *l'oreille*
de neus *le nez*
de vinger *le doigt*
de keel *la gorge*
de mond *la bouche*
de rug *le dos*
de hand *la main*
de schouder *l'épaule*
de arm *le bras*
de buik *le ventre*
het been *la jambe*
de voet *le pied*
de teen *l'orteil*

◆ GRAMMAIRE
LE PRONOM SUJET IMPERSONNEL *ER* IL

Rappelez-vous de la structure **er is / er zijn** *il y a* vue dans le module 11 :
Er is een ruime woonkamer (…) en er zijn twee slaapkamers *Il y a un séjour spacieux (…) et (il y a) deux chambres (à coucher).*
Ce même pronom se combine avec d'autres verbes. Souvenez-vous que le verbe s'accorde toujours avec le nom qui suit :
Er heerst een epidemie *Il y a une épidémie en circulation* litt. « il règne une épidémie ».
Er heersen epidemieën *Il y a des épidémies en circulation* litt. « il règnent des épidémies ».
Er loopt een hond op straat *Il y a un chien dans la rue* litt. « il marche un chien sur rue ».
Er lopen honden op straat *Il y a des chiens dans la rue* litt. « il marchent des chiens sur rue ».

● EXERCICES

1. COMPLÉTEZ LES PHRASES SUIVANTES À L'AIDE DE LA BONNE CONJUGAISON DU VERBE ENTRE PARENTHÈSES :

a. Er .... (staan) geen fiets in de berging.

b. Er .... (komen) een auto aan.

c. Er .... (wonen) veel makelaars in dat flatgebouw.

d. Er .... (lopen) een paar mannen op het strand.

2. TRADUISEZ LES PHRASES SUIVANTES :

a. Ils sont très fatigués et ils toussent.

→ ....

b. Elle a mal au ventre et mal au dos, mais elle n'a pas mal à la gorge.

→ ....

c. Vos symptômes y ressemblent en tout cas.

→ ....

d. Mes pieds et orteils vont mal.

→ ....

● VOCABULAIRE

de huisartsenpraktijk *le cabinet médical*
de assistente *l'assistante*
het welzijn *le bien-être*
de dokter *le docteur*
last hebben van *souffrir de, être gêné/e / incommodé/e par*
de hoofdpijn *le mal de tête*
de graad *le degré*
de koorts *la fièvre*
in gesprek *en ligne, occupé/e*
terugbellen *rappeler*
aan de lijn blijven *rester en ligne*
ophangen *raccrocher*
net *venir de, tout juste*
doorverbinden *passer la communication*
de klacht *la plainte*
behalve *à part, excepté, sauf*
de keelpijn *le mal de gorge*
de spierpijn *les courbatures*
heel *tout/e, entier/-ère* (adj.)
het lichaam *le corps*
verder *puis, ensuite*
moe *fatigué/e*
hoesten *tousser*
heersen *régner, être en circulation*
de epidemie *l'épidémie*
waaronder *dont*
de griep *la grippe*
het symptoom *le symptôme*
lijken op *ressembler à*
in ieder geval *en tout cas*
het geval *le cas*
klaarleggen *préparer*
het recept *l'ordonnance*
de hoestdrank *le sirop contre la toux*
de pijnstiller *l'antidouleur*
het water *l'eau*

als *si*
krijgen *obtenir, recevoir, commencer à avoir*
langskomen *passer* (chez quelqu'un)
beterschap! *bon rétablissement !*
de arts *le médecin*
de praktijk *la pratique, le cabinet*
de huisarts *le médecin généraliste, médecin traitant/de famille*
de pijn *la douleur, le mal*
klachten hebben *souffrir de*
ziek zijn *être malade*
pijn hebben *avoir mal, avoir des douleurs*
pijn doen *faire mal*
het hoofd *la tête*
het gezicht *le visage*
het oog *l'œil*
het oor *l'oreille*
de neus *le nez*
de mond *la bouche*
de keel *la gorge*
de schouder *l'épaule*
de arm *le bras*
de hand *la main*
de vinger *le doigt*
de buik *le ventre*
de rug *le dos*
het been *la jambe*
de voet *le pied*
de teen *l'orteil*
het telefonisch spreekuur *la consultation par téléphone*
het e-consult *la consultation par Internet*
het herhaalrecept *le renouvellement d'ordonnance*
het medicijn *le médicament*
verkouden zijn *être enrhumé/e*

3. COMPLÉTEZ LES PHRASES SUIVANTES À L'AIDE DU BON VERBE À PARTICULE :

a. We .... straks wel even .... (*rappeler*).

b. Ze hebben geen zin om .... te .... (*raccrocher*).

c. Hij .... haar met de dokter .... (*passer la communication*).

d. .... je vanavond even .... (*passer chez quelqu'un*)?

4. PLACEZ LES NOMS SUIVANTS AU BON ENDROIT SUR LE SCHÉMA EN AJOUTANT L'ARTICLE DÉFINI.

arm ; been ; buik ; hand ; hoofd ; keel ; mond ; neus ; oog ; oor ; rug ; schouder ; teen ; vinger ; voet

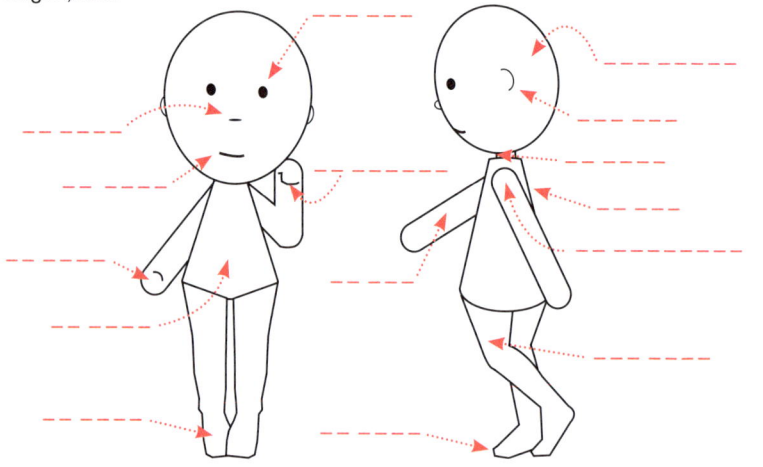

5. ÉCOUTEZ L'ENREGISTREMENT. RÉPÉTEZ ENSUITE CHAQUE PHRASE ET NOTEZ-LES.

20

a. ....

b. ....

c. ....

d. ....

e. ....

f. ....

19.
LA ROUTINE
DE ROUTINE

OBJECTIFS	NOTIONS
- **PARLER DE LA ROUTINE QUOTIDIENNE** - **PROPOSER DES ACTIONS POSITIVES** - **MANIER QUELQUES TERMES DE LA VIE AU BUREAU**	- **LES FORMES *ZO'N* UN/E TEL/LE ET *ZULK(E)* DE TEL/LE/S** - **LES ADJECTIFS DÉMONSTRATIFS *DEZELFDE* ET *HETZELFDE* LE/LA/LES MÊME/S** - **L'ADVERBE PRONOMINAL *ER/DAAR* Y, EN**

LA ROUTINE

Kees : C'est à nouveau lundi ! Horrible ! Surtout l'idée (pensée) que le réveil sonne à 6 heures (du matin).

Maartje : Tu as toujours des idées tellement négatives ! Couche-toi tout simplement tôt le dimanche et commence la matinée avec un peu de sport.

Kees : Et au bureau toujours le même train-train : à 9 heures allumer l'ordinateur portable, puis [il y a] réunion, à 12 heures déjeuner, à 13 taper les lettres, à 14 actualiser les tableurs et entre-deux téléphoner, faire des photocopies et ainsi de suite.

Maartje : Arrête tes lamentations et ose changer ! Commence la journée par un sourire et va faire un tour à midi pour rompre la routine.

Kees : C'est facile à dire pour toi : tu ne travailles que deux jours par semaine !

Maartje : Qu'y a-t-il de mal à cela ?

DE ROUTINE

Kees: Het is weer maandag! Vreselijk! Vooral de gedachte dat de wekker om 6 uur afgaat.

Maartje: Jij hebt altijd zulke negatieve ideeën! Ga gewoon op zondag vroeg naar bed en begin je ochtend met wat sport.

Kees: En op kantoor altijd dezelfde sleur: om 9 uur de laptop aan, dan vergadering, om 12 uur lunchen, om 1 brieven typen, om 2 spreadsheets bijwerken en tussendoor telefoneren, fotokopieën maken en ga zo maar door.

Maartje: Houd toch op met dat gezeur en durf te veranderen! Begin de dag met een lach en ga er tussen de middag even tussenuit om de routine te doorbreken.

Kees: Je hebt makkelijk praten: jij werkt maar twee dagen per week!

Maartje: Wat is daar verkeerd aan?

COMPRENDRE LE DIALOGUE
QUELQUES FORMULES ET EXPRESSIONS

→ **(…) dat de wekker om 6 uur afgaat** *(…) que le réveil sonne à 6 heures du matin.* Le verbe **afgaan** *sonner* est un verbe à particule séparable.

→ **Jij hebt altijd zulke negatieve ideeën!** *Tu as toujours des idées tellement négatives !* litt. « tu as toujours telles négatives idées ». Reportez-vous à la partie « Grammaire » de ce module pour les explications sur **zulk** *de tel/le/s*. Nous revenons sur le pluriel des mots se terminant par **-ee** et **-ie** dans le module 28.

→ **En op kantoor altijd dezelfde sleur: om 9 uur de laptop aan (…)** *Et au bureau toujours le même train-train : à 9 heures allumer l'ordinateur portable (…).* La partie verbale **doen** du verbe à particule séparable **aandoen** *allumer* est ici sous-entendue : **om 9 uur de laptop aandoen** *à 9 heures allumer l'ordinateur portable*. Les mots **de laptop** *l'ordinateur portable* et **het spreadsheet** *le tableur* sont des emprunts à l'anglais. Reportez-vous à la partie « Grammaire » de ce module pour les explications sur **dezelfde** *le/la/les même/s*.

→ **(…) en ga zo maar door** *(…) et ainsi de suite* litt. « et continue ainsi », du verbe à particule séparable **doorgaan** *continuer*. Notez aussi l'expression **enzovoort(s)** *et cetera*, souvent abréviée en **enz.** *etc.*

→ **Begin de dag met een lach (…)** *Commence la journée par un sourire (…).* Le nom **de lach** peut signifier *le rire* ou *le sourire*. Par contre **de glimlach** signifie uniquement *le sourire*.

→ **(…) en ga er tussen de middag even tussenuit (…)** *(…) et va faire un tour à midi (…).* Retenez l'expression **tussen de middag** *à midi* litt. « entre l'après-midi » ainsi que **er tussenuit gaan** *faire une pause / un break, faire un tour* litt. « y entre sorti aller ».

→ **Je hebt makkelijk praten: jij werkt maar twee dagen per week!** *C'est facile à dire pour toi : tu ne travailles que deux jours par semaine !* litt. « tu as facile parler : tu travailles seulement deux jours par semaine » : **makkelijk** est synonyme de **gemakkelijk**, *facile/facilement*. L'adverbe **maar** en combinaison avec une quantité a le sens de *seulement, ne… que.*

→ **Wat is daar verkeerd aan?** *Qu'y a-t-il de mal à cela ?* litt. « que est y mal à ». Reportez-vous à la partie « Grammaire » de ce module pour des explications sur l'adverbe pronominal **daar** *y*, **en** combiné avec une préposition.

SPÉCIFICITÉS NÉERLANDAISES

La participation des femmes au marché du travail était très faible jusque dans les années quatre-vingt. Depuis, un changement de mentalité s'est produit et actuellement une grande majorité des femmes sans enfants travaillent à temps complet.

En revanche, dès l'arrivée des enfants, les parents – et le plus souvent la mère – passent au temps partiel. Ceci s'explique par le fait que les Néerlandais attachent beaucoup d'importance au foyer et à la famille et préfèrent, dans la mesure du possible, garder eux-mêmes leurs enfants.

Un autre phénomène y contribue : les structures de garde comme l'accueil préscolaire ou périscolaire – qui sont, certes, en progression mais pas aussi développées qu'en France par exemple – obligent les familles à trouver elles-mêmes des moyens de garde abordables.

◆ GRAMMAIRE
LES FORMES *ZO'N UN/E TEL/LE ET ZULK(E) DE TEL/LE/S*

La forme **zo'n** *un/e tel/le, pareil/le, tellement* (rencontrée dans le module 14) s'utilise avec des noms <u>quantifiables</u> au singulier :
Niemand is zo'n harde werker als jij *Personne n'est aussi bosseur que toi.*
Ik heb zo'n buikpijn! *J'ai tellement mal au ventre !*
Het is zo'n vrolijk meisje! *C'est une fille si joyeuse !*

La forme **zulk** *de tel/le, de si, tellement* s'utilise avec des noms <u>non quantifiables</u> au singulier du genre neutre :
Het is zulk lekker bier! *C'est de la si bonne bière !*
Waarom eet je zulk hard brood? *Pourquoi tu manges du pain si dur ?*

La forme **zulke** *de tel/le/s, de si, tellement* s'utilise avec des noms au pluriel :
Jij hebt altijd zulke negatieve ideeën! *Tu as toujours des idées tellement négatives !*
Dat zijn zulke goede medicijnen! *Ce sont de si bons médicaments !*

LES ADJECTIFS DÉMONSTRATIFS *DEZELFDE* ET *HETZELFDE* LE/LA/LES MÊME/S

L'adjectif démonstratif **dezelfde** *le/la/les même/s* s'écrit en un seul mot et s'emploie devant un nom du genre commun et devant le pluriel :
dezelfde sleur *le même train-train*
dezelfde ideeën *les mêmes idées*

L'adjectif démonstratif **hetzelfde** *le/la même* s'écrit également en un seul mot. Il s'emploie devant un nom du genre neutre ou s'utilise comme adverbe :
hetzelfde idee *la même idée*
Dat is precies hetzelfde *C'est exactement pareil.*

L'ADVERBE PRONOMINAL *ER/DAAR*Y, EN

L'adverbe pronominal **er** *y*, *en* + préposition remplace le nom d'un objet ou d'un concept absent de la phrase. La variante accentuée **daar** *y*, *en* porte l'accent tonique et se trouve souvent en tête de phrase. L'adverbe peut être accolé à la préposition ou en être séparé. En règle générale, il se place le plus près possible du verbe conjugué et la préposition est placée vers la fin de la phrase :
Wanneer kan ik in de woning? *Quand puis-je emménager (dans le logement) ?*
→ **Wanneer kan ik erin?** *Quand puis-je emménager (y dans) ?*

Wat is verkeerd aan twee dagen per week werken? *Qu'y a-t-il de mal à travailler deux jours par semaine ?* → **Wat is daar verkeerd aan?** *Qu'y a-t-il de mal à cela ?*

Je hebt wel zin om te blijven eten, hè! *Tu as bien envie de rester dîner, pas vrai ?*
→ **Daar heb je wel zin in, hè!** *Ça t'arrangerait, pas vrai ?*

⬢ EXERCICES

1. COMPLÉTEZ LES PHRASES SUIVANTES À L'AIDE DE *ZO'N*, *ZULK* OU *ZULKE*.

a. Hij vindt de zondag .... fijne dag!

b. Ze hebben .... lieve kinderen!

c. .... lekkere broodjes vind je alleen in Nederland.

d. Zij heeft .... grappige achternaam!

e. Waarom drink je .... koud (*froid*) water?

● VOCABULAIRE

de routine *la routine*
weer *à nouveau*
vreselijk *horrible*
vooral *surtout*
de gedachte *la pensée, l'idée*
de wekker *le réveil*
afgaan *sonner*
zulk/e *de tel/le, de si, tellement*
negatief *négatif/-ve*
vroeg *tôt*
naar bed gaan *se coucher*
de sport *le sport*
op kantoor *au bureau*
het kantoor *le bureau* (lieu)
dezelfde *le/la/les même/s*
de sleur *le train-train, la routine*
de laptop *l'ordinateur portable*
de vergadering *la réunion*
lunchen *déjeuner*
de brief *la lettre*
typen *taper* (à la machine)
het spreadsheet *le tableur*
bijwerken *actualiser*
tussendoor *entre-deux*
telefoneren *téléphoner, appeler*
fotokopieën maken *faire des photocopies*
de fotokopie *la photocopie*
en ga zo maar door *et ainsi de suite*
ophouden met *arrêter de*
het gezeur *des lamentations, le radotage*
durven *oser*
veranderen *changer*
de lach *le rire, le sourire*
er tussenuit gaan *faire une pause / un break, faire un tour*
tussen de middag *à midi*
doorbreken *rompre*
makkelijk praten *facile à dire*
makkelijk *facile, facilement*
praten *parler*
maar *seulement, ne… que*
de week *la semaine*
verkeerd *mal, mauvais/e*
doorgaan *continuer*
enzovoort(s) *et cetera*
enz. *etc.*
de glimlach *le sourire*
zo'n *un/e tel/le, pareil/le, tellement*
hetzelfde *le/la même*
precies *exact/e, exactement*
koud *froid/e*

2. RÉÉCRIVEZ CHACUNE DES PHRASES SUIVANTES EN REMPLAÇANT LES MOTS SOULIGNÉS :
- DANS UN PREMIER TEMPS, À L'AIDE DE L'ADJECTIF PRONOMINAL *ER*
- PUIS UNE DEUXIÈME FOIS AVEC *DAAR*.

a. Ze heeft zin in <u>een glas rode wijn</u>.

→ ....

→ ....

b. Kan ik over een maand in <u>het appartement</u>?

→ ....

→ ....

c. Wat is leuk aan <u>hard werken</u>?

→ ....

→ ....

3. COMPLÉTEZ À L'AIDE DU BON ADJECTIF DÉMONSTRATIF : *DEZELFDE* OU *HETZELFDE*.

a. .... bushalte

b. .... herhaalrecept

c. .... jongedame

d. .... personen

e. .... systeem

4. ÉCOUTEZ LES PHRASES. QUE SIGNIFIENT-ELLES ? COCHEZ LA BONNE RÉPONSE.

a. ❑ Elle commence par taper des lettres sur son portable.
   ❑ Il commence par taper des lettres sur son portable.

b. ❑ Nous allons faire un tour cet après-midi.
   ❑ Nous allons faire un tour à midi.

c. ❑ Il a une pensée si négative !
   ❑ Il a des idées tellement négatives !

d. ❑ Je n'aime pas faire des photocopies.
   ❑ Je n'aime pas faire des comptes rendus.

20. L'ENTRETIEN D'EMBAUCHE

HET SOLLICITATIEGESPREK

OBJECTIFS

- RÉPONDRE À DES QUESTIONS AU COURS D'UN ENTRETIEN D'EMBAUCHE
- PARLER DE SON EXPÉRIENCE ET DE SES COMPÉTENCES
- EXPOSER UNE MOTIVATION
- DONNER SES DISPONIBILITÉS

NOTIONS

- QUELQUES TERMES SPÉCIFIQUES AUX ENTRETIENS D'EMBAUCHE
- VERBES IRRÉGULIERS AU PRÉSENT : *WILLEN* VOULOIR, *KUNNEN* POUVOIR, *MOGEN* POUVOIR
- LA DIFFÉRENCE ENTRE *WANT* CAR ET *OMDAT* PARCE QUE
- LES CONJONCTIONS DE SUBORDINATION ET LA SYNTAXE DE LA PROPOSITION SUBORDONNÉE

L'ENTRETIEN D'EMBAUCHE

<u>Peter</u> : Il est stipulé dans notre offre d'emploi que nous cherchons une employée administrative. Je vois dans ton C.V. que tu n'as pas du tout d'expérience professionnelle. Ne crois-tu pas que cela pose un problème ?

<u>Ans</u> : Je fais des études de communication et, malgré le fait que j'aie peu d'expérience, je dispose de beaucoup de compétences intéressantes pour cet emploi.

<u>Peter</u> : Pourquoi veux-tu venir travailler chez nous ?

<u>Ans</u> : Parce que votre organisation est innovante.

<u>Peter</u> : Pourquoi es-tu la candidate qu'il nous faut ?

<u>Ans</u> : Si je comprends bien, je vais assister la rédactrice web. J'ai de bonnes aptitudes relationnelles et en plus je sais me servir de différents logiciels dont des logiciels de traitement de texte.

<u>Peter</u> : Même si tu n'as pas beaucoup d'expérience, je veux quand même t'embaucher. Quand pourras-tu commencer ?

<u>Ans</u> : Dès maintenant (Maintenant tout de suite).

HET SOLLICITATIEGESPREK

Peter: In onze vacature staat dat we een administratief medewerkster zoeken. Ik zie in je cv dat je helemaal geen werkervaring hebt. Denk je niet dat dat een probleem is?

Ans: Ik studeer communicatiewetenschappen, en ondanks het feit dat ik weinig ervaring heb, beschik ik over veel interessante competenties voor deze baan.

Peter: Waarom wil je bij ons komen werken?

Ans: Omdat jullie een innoverende organisatie zijn.

Peter: Waarom ben jij een geschikte kandidate?

Ans: Als ik het goed begrijp, ga ik de webredactrice assisteren. Ik ben sociaal heel vaardig en bovendien kan ik goed overweg met verschillende software waaronder tekstverwerkers.

Peter: Al heb je niet veel ervaring, ik wil je toch aannemen. Wanneer kun je beginnen?

Ans: Nu meteen.

COMPRENDRE LE DIALOGUE
QUELQUES FORMULES ET EXPRESSIONS

→ **(...) dat we een administratief medewerkster zoeken** *(...) que nous cherchons une employée administrative.* Le nom **de medewerkster** *l'employée* est le féminin de **de medewerker** *l'employé*. L'adjectif épithète est invariable quand il forme une expression figée avec le nom.

→ **(...) helemaal geen werkervaring (...)** *(...) pas du tout d'expérience professionnelle* : **helemaal** avec une négation du type **geen** ou **niet** signifie *pas du tout* litt. « tout à fait pas » ; on peut également rencontrer **helemaal** sans négation qui signifie alors *tout à fait, complètement*.

→ **Denk je niet (...)** *Ne crois-tu pas (...)* : le verbe **denken** signifie *penser, envisager, croire*.

→ **communicatiewetenschappen** *des études de communication* : **de wetenschap** se traduit par *la science*.

→ **Omdat jullie een innoverende organisatie zijn** *Parce que votre organisation est innovante* litt. « parce que vous une innovante organisation êtes ». La conjonction **omdat** *parce que* introduit une proposition subordonnée.

→ **Waarom ben jij een geschikte kandidate?** *Pourquoi es-tu la candidate qu'il nous faut ?* litt. « pourquoi es-tu une candidate appropriée ». Le nom **de kandidate** *la candidate* est le féminin de **de kandidaat** *le candidat*.

→ **Ik ben sociaal heel vaardig (...)** *J'ai de bonnes aptitudes relationnelles (...)* litt. « je suis socialement très habile ».

→ **(...) kan ik goed overweg met (...)** *(...) je sais me servir de (...)* litt. « sais-je bien manier avec ».

SPÉCIFICITÉS NÉERLANDAISES

Les Néerlandais ne se vouvoient pas nécessairement lors d'un entretien d'embauche. Dans ce dialogue, le contexte se prête au tutoiement, car il s'agit d'un entretien entre une étudiante et une personne d'une organisation moderne, genre *start-up*.

Dans un curriculum vitae, *une lettre de candidature* **de sollicitatiebrief** ou lors d'un entretien d'embauche, on utilise souvent les noms **de competentie** *la compétence* et **de vaardigheid** *la capacité, le savoir-faire, l'aptitude professionnelle*. Notez que le pluriel des noms se terminant en **-heid** se forme avec **-heden** : **de vaardigheden**.

QUELQUES TERMES SPÉCIFIQUES AUX ENTRETIENS D'EMBAUCHE

Dans ce domaine, les mots suivants peuvent être utiles :
de advertentie *l'annonce* ; **de vacature** *l'offre d'emploi* ; **solliciteren naar een functie van** *postuler au poste de* ; **solliciteren bij een bedrijf** *postuler auprès d'une entreprise* ; **solliciteren op een vacature** *postuler (à) une offre d'emploi, prétendre à la fonction (de)* ; **de opleiding** *la formation* ; **stage lopen** *faire un stage* ; **de ervaring** *l'expérience* ; **geschikt** *approprié/e* ; **het beroep** *le métier* ; **de baan** *l'emploi, le job, le poste* ; **beschikbaar zijn** *être disponible*.

▲ CONJUGAISON
VERBES IRRÉGULIERS AU PRÉSENT : *WILLEN* VOULOIR, *KUNNEN* POUVOIR, *MOGEN* POUVOIR

La conjugaison du verbe **willen** *vouloir, souhaiter* est très facile, car sa forme conjuguée au singulier est **wil** et sa forme conjuguée au pluriel, **willen**. Mais ce verbe connaît aussi une forme avec une terminaison en **-t** à la 2e personne du singulier : **je wilt** *tu veux* et **u wilt** *vous voulez*.

Willen fait partie des verbes de modalité. Ce sont des verbes utilisés pour exprimer une opinion, une possibilité, une capacité, une obligation ou, comme pour **willen**, un souhait, un désir ou une volonté :

Ik wil je even voorstellen (…) *Je souhaite te présenter (…)* ; **Ik wil haar uitnodigen** *Je veux l'inviter* ; **Waarom wil je dat weten?** *Pourquoi veux-tu savoir cela ?* ; **Zoals je wilt!** *Comme tu voudras !*

Pour faire une demande polie **willen** est accompagné de **graag** *volontiers* : **Ik wil graag pinnen** *Je voudrais (veux volontiers) payer par carte bancaire.*

Le verbe **kunnen** *pouvoir, être possible, être capable de* exprime une possibilité ou une capacité. Au singulier, sa forme conjuguée est **kan** et au pluriel, **kunnen**. Il existe aussi une forme en **-u** utilisée exclusivement à la 2e personne du singulier : **je kunt** *tu peux* et **u kunt** *vous pouvez*.

(…) kan ik goed overweg met (…) *(…) je sais me servir de (…)* ; **Wanneer kun je beginnen?** *Quand pourras-tu commencer ?*

Le verbe **mogen** *pouvoir, être autorisé à, avoir le droit de* exprime une permission, une autorisation.
Il est très facile à conjuguer : il existe une forme au singulier, **mag**, et une au pluriel, **mogen**. Il n'a pas de terminaison en **-t** à la 2ᵉ et 3ᵉ personne du singulier.
Mogen we de kaart? *Pouvons-nous avoir la carte ?* ; **Mag ik je iets vragen?** *Puis-je te demander quelque chose ?*

◆ GRAMMAIRE
LA DIFFÉRENCE ENTRE *WANT* CAR ET *OMDAT* PARCE QUE

La conjonction **want** *car*, rencontrée dans le module 3, introduit une proposition principale avec le verbe conjugué en deuxième position alors que la conjonction **omdat** *parce que*, introduit une proposition subordonnée avec le verbe conjugué placé à la fin :
Hij heeft geen baan, want hij heeft geen ervaring *Il n'a pas d'emploi car il n'a pas d'expérience.*
Hij heeft geen baan, omdat hij geen ervaring heeft *Il n'a pas d'emploi parce qu'il n'a pas d'expérience.*

LES CONJONCTIONS DE SUBORDINATION ET LA SYNTAXE DE LA PROPOSITION SUBORDONNÉE

Voici quelques autres conjonctions de subordination fréquentes :
als *si, quand, lorsque* ; **dat** *que* ; **hoewel** *bien que, quoique* ; **sinds** *depuis que* ; **terwijl** *pendant que* ; **toen** *quand, lorsque, alors que, comme* ; **zodat** *de sorte que*.
Elles introduisent une proposition subordonnée dans laquelle le sujet se trouve tout de suite après la conjonction, et le verbe conjugué en fin de phrase :
Als ik het goed begrijp (…) *Si je comprends bien (…).*
Als je meer koorts krijgt (…) *Si ta fièvre augmente (…).*
Denk je niet dat dat een probleem is? *Ne crois-tu pas que cela pose un problème ?*
Wat fijn dat jullie er allemaal zijn! *Que c'est agréable que vous soyez tous là !*
Hoewel je sterk bent (…) *Malgré que tu sois costaud (…).*
(…) voordat de vakantie begint *(…) avant que les vacances commencent.*

⬢ EXERCICES

1. COMPLÉTEZ LES PHRASES SUIVANTES À L'AIDE DU/DES VERBE/S DE MODALITÉ APPROPRIÉ/S, CORRECTEMENT CONJUGUÉ/S :

a. .... je goed overweg met computers?

b. Ze .... niet wachten en .... meteen beginnen.

c. .... ik de kaart?

d. We .... graag hier blijven.

VOCABULAIRE

het sollicitatiegesprek *l'entretien d'embauche*
de vacature *l'offre d'emploi*
de administratief medewerkster *l'employée administrative*
administratief *administratif/-ve*
de medewerkster *l'employée*
het cv *le C.V. (curriculum vitae)*
helemaal geen *pas du tout*
de werkervaring *l'expérience professionnelle*
denken *penser, envisager, croire*
het probleem *le problème*
studeren *étudier*
de communicatiewetenschappen *les études de communication*
ondanks *malgré*
het feit *le fait*
weinig *peu*
de ervaring *l'expérience*
beschikken over *disposer de*
interessant *intéressant/e*
de competentie *la compétence*
de baan *l'emploi, le travail, le job*
omdat *parce que*
innoverend *innovant/e*
de organisatie *l'organisation*
geschikt *approprié/e*
de kandidate *la candidate*
begrijpen *comprendre*
de webredactrice *la rédactrice web*
assisteren *assister*
sociaal vaardig *de bonnes aptitudes relationnelles*
sociaal *social/e*
vaardig *habile*
bovendien *en plus*

overweg kunnen met *savoir se servir de, manier*
de software *le logiciel*
de tekstverwerker *le traitement de texte*
al *même si*
veel *beaucoup*
toch *quand même*
aannemen *embaucher*
meteen *tout de suite*
de medewerker *l'employé*
helemaal *tout à fait, complètement*
helemaal niet *pas du tout*
de wetenschap *la science*
de kandidaat *le candidat*
de sollicitatiebrief *la lettre de candidature*
de vaardigheid *la capacité, le savoir-faire, l'aptitude professionnelle*
de advertentie *l'annonce*
solliciteren naar een functie van *postuler au poste de*
solliciteren bij een bedrijf *postuler auprès d'une entreprise*
solliciteren op een vacature *postuler (à) une offre d'emploi, prétendre à la fonction (de)*
de opleiding *la formation*
stage lopen *faire un stage*
het beroep *le métier*
beschikbaar zijn *être disponible*
als *si, quand, lorsque*
hoewel *bien que, quoique*
sinds *depuis que*
terwijl *pendant que*
toen *quand, lorsque, alors que, comme*
zodat *de sorte que*
blij *heureux/-se*

2. COMPLÉTEZ LES PHRASES SUIVANTES AVEC *WANT* OU *OMDAT* :

a. Ze neemt een glas wijn .... ze heeft dorst.

b. Hij eet een broodje .... hij honger heeft.

3. TRADUISEZ LES PHRASES SUIVANTES :

a. Il n'a pas du tout d'expérience professionnelle.

→ ....

b. Je ne suis pas disponible pour l'instant.

→ ....

c. Elle va postuler à une offre d'emploi intéressante.

→ ....

4. COMPLÉTEZ LES PHRASES SUIVANTES À L'AIDE DE LA CONJONCTION DE SUBORDINATION ADAPTÉE :

a. Je bent sociaal heel vaardig .... ik het goed begrijp.

b. Waarom studeer je communicatiewetenschappen? .... ik dat een leuke studie vind!

c. .... hij met zijn werk begint, drinkt hij eerst een kop koffie.

d. .... ze geen werkervaring heeft, neemt hij haar toch aan.

e. Ze zijn blij (*heureux*) .... ze niet meer iedere ochtend in de file staan.

5. ÉCOUTEZ L'ENREGISTREMENT PUIS COMPLÉTEZ LES PHRASES SUIVANTES. LISEZ-LES À VOIX HAUTE ET RÉECOUTEZ L'ENREGISTREMENT.

a. Ik .... over .... baan.

b. Jullie .... goed .... !

c. Hij is .... want hij is ....

d. Wat .... is .... !

e. Ik ....

f. Het is ....

21.
AU BUREAU

OP KANTOOR

OBJECTIFS

- ACCUEILLIR QUELQU'UN LORS D'UN PREMIER RENDEZ-VOUS
- S'ORIENTER DANS UN BÂTIMENT
- DÉCRIRE CERTAINES TÂCHES RÉALISÉES AU BUREAU
- EXPRIMER UNE PENSÉE

NOTIONS

- LES VERBES DE POSITION
- LEXIQUE DE L'INFORMATIQUE
- LES MOIS DE L'ANNÉE
- LE FÉMININ DES NOMS
- L'ADVERBE PRONOMINAL *ER* Y, EN + UN NOMBRE
- LES VERBES DE MODALITÉ *MOETEN* DEVOIR ET *HOEVEN* AVOIR BESOIN, ÊTRE OBLIGÉ

AU BUREAU

<u>Monsieur Jansen</u> : Vous devez être la nouvelle assistante. Nos bureaux se trouvent au premier étage.

Voici votre bureau. Ici dans ce placard, il y a [les] enveloppes, stylos et crayons. [Les] rouleaux de ruban adhésif et [les] trombones se trouvent dans cette boîte. Là-bas, près de la photocopieuse, il y a le papier et vous trouverez les cartouches d'encre à côté de l'imprimante.

<u>Madame van Dijk</u> : Où se trouve l'imprimante ?

<u>Monsieur Jansen</u> : Il y en a une à côté de votre lampe de bureau, mais nous essayons d'imprimer le moins possible. Les e-mails que vous recevez et envoyez, vous devez les sauvegarder sur une clé USB. Ce n'est donc pas nécessaire de constituer un dossier papier. En janvier et juin, nous commandons toutes les fournitures de bureau.

Bon, il suffit maintenant d'attendre le nouveau patron.

<u>Madame van Dijk</u> : Hum, je crois que vous vous trompez : je suis la nouvelle patronne !

OP KANTOOR

<u>Meneer Jansen</u>: U moet de nieuwe assistente zijn. Onze kantoren bevinden zich op de eerste verdieping.

Dit is uw bureau. Hier in deze kast liggen enveloppen, pennen en potloden. Rolletjes plakband en paperclips zitten in die doos. Daar bij de kopieermachine ligt het papier en de inktpatronen liggen naast de printer.

<u>Mevrouw van Dijk</u>: Waar staat de printer?

<u>Meneer Jansen</u>: Er staat er één naast uw bureaulamp, maar we proberen zo min mogelijk te printen. U moet de mails die u binnenkrijgt en verzendt, op een USB-stick opslaan. U hoeft dus geen papieren dossier samen te stellen. In januari en juni bestellen we alle kantoorbenodigdheden.

Goed, nu hoeven we alleen nog maar te wachten op de nieuwe baas.

<u>Mevrouw van Dijk</u>: Eh, ik geloof dat u zich vergist: ik ben de nieuwe bazin!

■ COMPRENDRE LE DIALOGUE
QUELQUES FORMULES ET EXPRESSIONS

→ **Onze kantoren bevinden zich (...)** *Nos bureaux se trouvent (...)*. Le verbe **zich bevinden** *se trouver* est d'un registre plutôt formel.

→ **Dit is uw bureau** *Voici votre bureau*. Le nom **het bureau** *le bureau* peut signifier la pièce ou le meuble. Par contre **het kantoor** *le bureau* désigne uniquement la pièce ou un immeuble de bureaux.

→ **(...) zitten in die doos** *(...) se trouvent dans cette boîte*. **(...) ligt het papier (...)** *(...) il y a le papier (...)*. **(...) staat de printer?** *(...) se trouve l'imprimante ?* Reportez-vous à la partie « Spécificités néerlandaises » de ce module pour en savoir plus.

→ **Er staat er één (...)** *Il y en a une (...)* litt. « il est debout y un ». Reportez-vous à la partie « Grammaire » de ce module pour l'explication de la structure /**er** + verbe + **er** + nombre/.

→ **U hoeft dus geen (...)** *Ce n'est donc pas nécessaire de (...)*. Le verbe **hoeven** *avoir besoin de*, *être nécessaire* est la plupart du temps accompagné d'une négation. Nous développons ce point dans la partie « Grammaire ».

→ **(...) dat u zich vergist** *(...) que vous vous trompez*. Le verbe **zich vergissen** *se tromper* est un verbe réfléchi. Nous y reviendrons dans le module 24.

SPÉCIFICITÉS NÉERLANDAISES

• **Les verbes de position**

Là où en français le verbe *se trouver* ou *être* est utilisé, le néerlandais a recours à un verbe de position dès que c'est possible : **staan** litt. « être debout », **liggen** litt. « être couché », **hangen** litt. « être accroché » et **zitten** litt. « être assis ».

staan évoque la station debout de l'homme et par extension la position verticale de toutes sortes d'objets, dont ceux à roues :
De lamp staat op het bureau *La lampe se trouve sur le bureau*.
De auto staat buiten *La voiture est dehors*.

liggen évoque la position couchée de l'homme et par extension de tous les objets ronds ou dont la position fonctionnelle est horizontale :
De enveloppen liggen in de kast *Les enveloppes se trouvent dans le placard*.
De bloemkool ligt op tafel *Le chou-fleur est sur la table*.

hangen connaît un équivalent en français : *être suspendu*, *pendre* :
De lamp hangt aan de muur *La lampe est suspendue au mur*.

zitten évoque la position assise de l'homme et est utilisé pour les objets dont la position est difficile à indiquer ou qui se trouvent dans un espace exigu :
De paperclips zitten in de doos *Les trombones se trouvent dans la boîte.*
De nietjes zitten in de nietmachine *Les agrafes se trouvent dans l'agrafeuse.*

LEXIQUE DE L'INFORMATIQUE

Voici quelques termes informatiques utiles :
het scherm *l'écran* ; **het toetsenbord** *le clavier* ; **de muis** *la souris* ; **de enter-toets** *la touche « entrée »* ; **de spatiebalk** *la barre d'espace* ; **de foutmelding** *le message d'erreur* ; **wissen** *effacer* ; **kopiëren** *copier* ; **knippen** *couper* ; **plakken** *coller* ; **dubbel klikken** *double-cliquer* ; **scannen** *numériser* ; **de cursor** *le curseur* ; **de delete-toets** *la touche de suppression* ; **de startpagina** *la page d'accueil* ; **downloaden** *télécharger* ; **de bijlage** *la pièce jointe* ; **het apenstaartje** *l'arobase* litt. « singe petit queue ».

LES MOIS DE L'ANNÉE

Récapitulons ici les noms des mois :
januari *janvier* ; **februari** *février* ; **maart** *mars* ; **april** *avril* ; **mei** *mai* ; **juni** *juin* ; **juli** *juillet* ; **augustus** *août* ; **september** *septembre* ; **oktober** *octobre* ; **november** *novembre* ; **december** *décembre*.

◆ GRAMMAIRE
LE FÉMININ DES NOMS

Plusieurs noms de métier/fonction connaissent une variante féminine. Pour la former, la plupart du temps il suffit d'ajouter un **-e** au nom, notamment pour les noms d'origine étrangère avec l'accent tonique sur la dernière syllabe :
de assistent* *l'assistant* → **de assistente** *l'assistante* ;
de student *l'étudiant* → **de studente** *l'étudiante*.

* Les éléments soulignés mettent en surbrillance les accents toniques.

Mais on rencontre également des noms féminins formés avec les suffixes **-ster**, **-ice**, **-es** et **-in**. Apprenez par cœur les exemples que vous rencontrez. Notez que les deux derniers suffixes portent l'accent tonique :
de werknemer *l'employé* → **de werkneemster** *l'employée* ;
de redacteur *le rédacteur* → **de redactrice** *la rédactrice* ;

de **zanger** *le chanteur* → de **zanger<u>es</u>** *la chanteuse* ;
de **boer** *le fermier* → de **boerin** *la fermière*.

L'ADVERBE PRONOMINAL *ER* Y, EN + UN NOMBRE

Vous avez vu dans le module 19 l'adverbe pronominal /**er** *y*, *en* + préposition/ remplaçant le nom d'un objet ou d'un concept absent de la phrase. Il en va de même pour la structure /**er** + verbe + **er** + nombre/ :

de printer *l'imprimante* → **Er staat er één op uw bureau** *Il y en a une sur votre bureau.*
Hoeveel dozen **zijn er?** *Combien de boîtes y a-t-il ?* → **Er zijn er vijf** *Il y en a cinq.*
toetsen *des touches* → **Ik ken er tien** *J'en connais dix.*

LES VERBES DE MODALITÉ *MOETEN* DEVOIR ET *HOEVEN* AVOIR BESOIN, ÊTRE OBLIGÉ

Le verbe **moeten** *devoir, être nécessaire, être obligé de* exprime une obligation, une nécessité, un devoir. Il existe une seule forme au singulier, **moet**, et une au pluriel, **moeten** :

U moet de nieuwe assistente zijn *Vous devez être la nouvelle assistante.*
U moet de mails opslaan *Vous devez sauvegarder les e-mails.*

Le verbe **hoeven** *avoir besoin de, être nécessaire* est, la plupart du temps, accompagné d'une négation et exprime alors que ce n'est pas la peine de faire telle ou telle chose, que ce n'est pas nécessaire. C'est un verbe régulier :

U hoeft geen dossier samen te stellen *Ce n'est pas nécessaire de constituer un dossier.*
Je hoeft niet meer te komen *Tu n'as plus besoin de venir.*

⬢ EXERCICES

1. CHOISISSEZ LE BON VERBE DE POSITION.

a. Het bureau .... in de woonkamer.

b. De fietsen .... voor het huis.

c. Het dossier .... op de grond.

d. De lamp .... aan de muur.

e. De delete-toets .... op het toetsenbord.

VOCABULAIRE

zich bevinden se trouver
de verdieping l'étage
het bureau le bureau (le meuble, la pièce)
liggen être couché/e, se trouver
de envelop l'enveloppe
de pen le stylo
het potlood le crayon
de rol le rouleau
het plakband le ruban adhésif
de paperclip la trombone
zitten être assis/e, se trouver
de doos la boîte
de kopieermachine la photocopieuse
het papier le papier
het inktpatroon la cartouche d'encre
naast à côté de
de printer l'imprimante
de bureaulamp la lampe de bureau
proberen essayer
zo min mogelijk le moins possible
printen imprimer
binnenkrijgen recevoir
verzenden envoyer
de USB-stick la clé USB
opslaan enregistrer, sauvegarder
hoeven avoir besoin de, être nécessaire
papieren en papier
het dossier le dossier
samenstellen constituer
januari (de) janvier
juni (de) juin
alle tout, tous, toute/s
de kantoorbenodigdheden les fournitures de bureau
alleen nog maar seulement
wachten op attendre
de baas le patron
geloven croire
zich vergissen se tromper
de bazin la patronne
hangen être suspendu/e, pendre
het nietje l'agrafe
de nietmachine l'agrafeuse
het scherm l'écran
het toetsenbord le clavier
de muis la souris
de enter-toets la touche « entrée »
de spatiebalk la barre d'espace
de foutmelding le message d'erreur
wissen effacer
kopiëren copier
knippen couper
plakken coller
dubbel klikken double-cliquer
scannen numériser
de cursor le curseur
de delete-toets la touche de suppression
de startpagina la page d'accueil
downloaden télécharger
de bijlage la pièce jointe
het apenstaartje l'arobase
februari (de) février
maart (de) mars
april (de) avril
mei (de) mai
juli (de) juillet
augustus (de) août
september (de) septembre
de student l'étudiant
de zanger le chanteur

2. FORMULEZ UNE PHRASE SELON L'EXEMPLE À L'AIDE DES ÉLÉMENTS DONNÉS.

Exemple : Ze geeft me twee peren. → Ze geeft me er twee.

a. Ik neem geen risico's.
   → ....
b. Er staan drie fietsen in de berging.
   → ....
c. We hebben vijf formulieren nodig.
   → ....
d. Er liggen twee formulieren op tafel.
   → ....
e. Hij kent vier bakkers.
   → ....

3. METTEZ LES NOMS SUIVANTS AU FÉMININ EN VOUS AIDANT D'UN DICTIONNAIRE. ENSUITE, PRONONCEZ-LES ET ÉCOUTEZ L'ENREGISTREMENT.

23

a. de redacteur → ....   f. de docent → ....
b. de kandidaat → ....   g. de leerling → ....
c. de baas → ....   h. de vertaler → ....
d. de medewerker → .... i. de koning → ....
e. de vriend → ....   j. de student → ....

4. ÉCOUTEZ L'ENREGISTREMENT POUR COMPLÉTER CES PHRASES :

23

a. We .... een ....
b. Het is te laat! Je .... te komen.
c. Je moet eerst .... en dan .... en ....
d. Hij bestelt .... in .... en ....
e. .... je niet wat .... is?
f. Hoe spel je ...., ... en ....?

IV
LES
LOISIRS

22.
LES JOURS DE FÊTE
DE FEESTDAGEN

OBJECTIFS	NOTIONS
• DÉSIGNER DIFFÉRENTES FÊTES	• *HEEL* ET *ERG* TRÈS
• PRÉSENTER SES SOUHAITS ET FÉLICITER QUELQU'UN	• LES ADJECTIFS COMPOSÉS
• OFFRIR ET REMERCIER	• LE PRONOM *HET* IL, ELLE
	• LE DIMINUTIF

LA SAINT-NICOLAS

Bart : Ah, enfin [c'est] la Saint-Nicolas ! Oh, viens voir ! Il y a tant (tellement beaucoup) de paquets devant la porte.

Johanna : Je vais (dois) mettre mes lunettes. Eh ben, il y en a vraiment beaucoup. Ouvre-les donc, mais [tu dois] d'abord lire à haute voix le poème(-petit) et chanter une chanson(-petite) de saint Nicolas, hein.

Bart : Regarde, une montre. Et un livre et un ballon…

Johanna : Tu es gâté. Tu ferais bien de le remercier !

Bart : Merci saint Nicolas !

Johanna : Oh regarde, pour moi un jeu de petits chevaux ! Merci saint Nicolas !

Bart : Et ce soir, on a deux choses à fêter : bon anniversaire ! Tiens, ton cadeau(-petit).

Johanna : Oh, un pull ! Il va bien avec mon pantalon et il est bien chaud.

Bart : Tu ne le mets pas ? Il fait moins cinq après tout.

Johanna : Bonne idée, car je suis glacée.

SINTERKLAAS

Bart: Ha, eindelijk pakjesavond! O, kom 's kijken! Er staan zoveel pakjes voor de deur.

Johanna: Ik moet even m'n bril opzetten. Nou, het zijn er heel erg veel. Maak ze maar open, maar wel eerst het gedichtje voorlezen en een sinterklaasliedje zingen, hè.

Bart: Kijk, een horloge. En een boek en een bal…

Johanna: Je wordt verwend. Bedank de Sint maar snel!

Bart: Dank je wel Sinterklaas!

Johanna: O kijk, voor mij een mens-erger-je-niet spel! Dank je wel Sinterklaas!

Bart: En vanavond is het dubbel feest: gefeliciteerd met je verjaardag! Alsjeblieft, je cadeautje.

Johanna: O, een trui! Die past goed bij m'n lange broek en hij is lekker warm.

Bart: Trek je hem niet aan? Het is tenslotte vijf graden onder nul.

Johanna: Goed idee, want ik heb het ijskoud.

COMPRENDRE LE DIALOGUE
QUELQUES FORMULES ET EXPRESSIONS

→ **Ha, eindelijk pakjesavond!** *Ah, enfin c'est la Saint-Nicolas !* Le nom **de pakjesavond** *la Saint-Nicolas* litt. « la petits paquets soirée » réfère à la fête de la Saint-Nicolas.

→ **(…) m'n bril opzetten** *(…) mettre mes lunettes*. Notez que **de bril** *les lunettes*, *la paire de lunettes* est singulier en néerlandais. Le verbe **opzetten** *mettre* est utilisé pour des lunettes ou des chapeaux.

→ **(…) het gedichtje voorlezen** *(…) lire à haute voix le poème*. Le verbe à particule séparable **voorlezen** *lire à haute voix, faire la lecture* contient le verbe **lezen** *lire*.

→ **Bedank de Sint maar snel!** *Tu ferais bien de le remercier !* litt. « remercie le Saint alors vite » invite la personne qui reçoit le cadeau à dire haut et fort : **Dank je wel Sinterklaas!** *Merci saint Nicolas !* C'est une coutume.

→ **(…) mens-erger-je-niet spel** *(…) jeu de petits chevaux* litt. « homme énerve tu ne pas jeu ». Dans le nom de ce jeu, on trouve le nom **het mens** *la personne, l'homme, l'individu, l'être humain*, la négation **niet** *ne pas* et le verbe **zich ergeren** *s'énerver, s'irriter, s'agacer*.

→ Retenez l'expression **Gefeliciteerd (met je/uw verjaardag)!** *Bon anniversaire !* litt. « félicité avec ton/votre anniversaire ».

→ **Trek je hem niet aan?** *Tu ne le mets pas ?* Le verbe **aantrekken** *mettre* est utilisé pour des vêtements.

SPÉCIFICITÉS NÉERLANDAISES

Les Néerlandais fêtent *la Saint-Nicolas* **Sinterklaas** (ou **pakjesavond**) la veille du 6 décembre. Ce soir-là, ils chantent de nombreuses chansons de saint Nicolas. La phrase du dialogue **O, kom 's kijken!** *Oh, viens voir !* fait allusion à l'une d'elles : **O kom er eens kijken wat ik in m'n schoentje vind, alles gekregen van die goede Sint** *Oh viens voir un peu ce qu'il y a dans mon soulier, j'ai reçu tout ça du bon saint Nicolas.*

Les Néerlandais s'offrent ce soir-là des cadeaux, accompagnés de petits poèmes humoristiques **het sinterklaasgedicht** *poème de saint Nicolas* litt. « saint Nicolas poème » et de cadeaux ludiques, **de surprise** *le cadeau surprise*, souvent faits à la main et en rapport avec le vrai cadeau.

Aux Pays-Bas, la Saint-Nicolas est plus populaire que la venue du Père Noël, car c'est une fête familiale pour petits et grands. Dès l'arrivée de saint Nicolas dans le pays quelques semaines avant la fête, les petits Néerlandais peuvent poser une *chaussure* **de schoen** devant *la cheminée* **de schoorsteen** pour que saint Nicolas puisse y déposer des petites friandises la nuit. Le 6 décembre, le jour de sa mort, marque la fin des festivités, puisqu'il rentre alors chez lui en Espagne.

Le 31 décembre une autre fête populaire a lieu : **de oudejaarsavond** *le réveillon de la Saint-Sylvestre*. C'est le moment pour les Néerlandais d'enterrer, à minuit, l'année écoulée avec de très nombreux *feux d'artifice* **het vuurwerk**, en se souhaitant : **Gelukkig nieuwjaar!** *Bonne année !*

◆ GRAMMAIRE
HEEL ET *ERG* TRÈS

Les adverbes **heel** et **erg** signifient *très* :
heel veel / erg veel *beaucoup* litt. « très beaucoup »
Hij is heel/erg moe *Il est très fatigué*.

L'adverbe **heel** *très* peut également renforcer **erg** *très* :
heel erg veel *vraiment beaucoup*, *énormément* litt. « très très beaucoup ».
Het zijn er heel erg veel! *Il y en a vraiment beaucoup !*
Hij is heel erg moe *Il est extrêmement fatigué*.

LES ADJECTIFS COMPOSÉS

Vous avez déjà rencontré des mots composés de plusieurs noms, mais on peut également utiliser un adjectif pour former un mot composé :
ijskoud litt. « glace froid » *froid/e comme la glace*, *très froid/e*
doodstil litt. « mort silencieux » *sans aucun bruit*, *un silence de mort*
dolblij litt. « fou heureux » *fou/folle de joie*
peperduur litt. « poivre cher » *hors de prix*.

LE PRONOM *HET* IL, ELLE

Le pronom **het** *il*, *elle* réfère aux noms singuliers du genre neutre :
Het pakje/Het biertje staat op tafel *Le paquet / La bière se trouve sur la table* →
Het staat op tafel *Il/Elle se trouve sur la table*.

Il est aussi utilisé comme pronom impersonnel dans certaines expressions :
Het is koud/warm *Il fait froid/chaud* litt. « il est froid/chaud ».
Het is vijf graden onder nul *Il fait moins cinq* litt. « il est cinq degrés sous zéro ».
Ik heb het ijskoud *Je suis glacé/e* litt. « j'ai il glace froid ».

LE DIMINUTIF

L'usage du diminutif est très fréquent en néerlandais car il sert à exprimer une affinité, à rendre une demande plus modeste, à minimiser les choses ou à faire référence à la petite taille. Dans le dernier cas, il peut être précédé de **klein** *petit* :
het gedichtje *le poème* ; **het sinterklaasliedje** *la chanson de saint Nicolas*
Mag ik een klein stukje kaas? *Puis-je avoir un petit morceau de fromage ?*
Ik wil graag een klein beetje water *Je voudrais un petit peu d'eau.*
Wat een schattig klein hondje! *Que ce petit chien est mignon !* litt. « que un mignon petit petit chien »
Il sert aussi à quantifier un nom de matière, ce qui permet de le compter et de l'utiliser au pluriel :
Ze nemen drie ijsjes *Ils prennent trois glaces.*
Pour le former, la plupart du temps il suffit d'ajouter la terminaison **-je** au nom : **bos** → **bosje** *(petit) bouquet*
Mais on trouve aussi les terminaisons **-tje**, **-etje**, **-kje** ou **-pje** :
mobiel → **mobieltje** *(téléphone) portable* ; **spel** → **spelletje** *(petit) jeu*
koning → **koninkje*** *(petit) roi* ; **boom** → **boompje** *(petit) arbre*
* Attention le **g** disparaît.

Malgré le fait qu'il existe des règles pour sa formation, le plus simple est d'apprendre au fur à mesure les formes rencontrées, comme par exemple **pakje** *(petit) paquet* dans le dialogue de ce module.

● EXERCICES

1. RELIEZ CHAQUE DÉBUT DE MOT À LA SUITE QUI LUI CORRESPOND.

a. peper   •   •   1. stil

b. ijs   •   •   2. blij

c. dood   •   •   3. duur

d. dol   •   •   4. koud

● VOCABULAIRE

Sinterklaas *saint Nicolas, la Saint-Nicolas* (fête)
eindelijk *enfin, finalement*
de pakjesavond *la Saint-Nicolas* (fête)
zoveel *tant*
het pakje *le paquet*
de deur *la porte*
de bril *les lunettes*
opzetten *mettre* (lunettes, chapeau)
heel erg *vraiment, extrêmement*
heel erg veel *vraiment beaucoup, énormément*
openmaken *ouvrir*
het gedicht *le poème*
voorlezen *lire à haute voix, faire la lecture*
het sinterklaasliedje *la chanson de saint Nicolas*
het lied(je) *la chanson*
zingen *chanter*
het horloge *la montre*
het boek *le livre*
de bal *le ballon*
verwend worden *être gâté/e*
bedanken *remercier*
de Sint *saint Nicolas*
de Sinterklaas *saint Nicolas*
het mens-erger-je-niet spel *le jeu de petits chevaux*
het spel *le jeu*
dubbel *double, doublement*
het feest *la fête*
gefeliciteerd ! (met je/uw verjaardag) *bon anniversaire !*
de verjaardag *l'anniversaire*
het cadeau *le cadeau*
de trui *le pull*
die *il, elle*
passen bij *aller avec*
de lange broek *le pantalon*
lekker *bien*
warm *chaud/e*
aantrekken *mettre* (vêtement)
tenslotte *après tout*
onder *sous*
de nul *le zéro*
ijskoud *glacé/e, froid/e comme la glace, très froid/e*
het ijs *la glace*
het mens *la personne, l'homme, l'individu, l'être humain*
zich ergeren *s'énerver, s'irriter, s'agacer*
wat *ce que*
de schoen *le soulier, la chaussure*
het sinterklaasgedicht *le poème de saint Nicolas*
de surprise *le cadeau surprise*
de schoorsteen *la cheminée*
de oudejaarsavond *le réveillon de la Saint-Sylvestre*
het vuurwerk *le feu d'artifice*
gelukkig nieuwjaar! *bonne année !*
gelukkig *heureux/-se*
het nieuwjaar *le Nouvel An*
heel veel *beaucoup*
erg veel *beaucoup*
doodstil *sans aucun bruit, un silence de mort*
dood *mort/e*
de dood *la mort*
stil *silencieux/-se*
dolblij *fou/folle de joie*
peperduur *hors de prix*
het *il, elle*
de boom *l'arbre*

205

2. TRANSFORMEZ LES NOMS SUIVANTS EN DIMINUTIFS :

a. bier → ....
b. ui → ....
c. vis → ....
d. mobiel → ....
e. bos → ....
f. kroket → ....
g. kwartier → ....
h. patat → ....
i. kaasplank → ....
j. stuk → ....
k. rol → ....
l. gedicht → ....

3. TRADUISEZ LES PHRASES SUIVANTES :

a. Tu ferais bien de la remercier !

→ ....

b. Il y a énormément de paquets devant la porte.

→ ....

c. Bon anniversaire !

→ ....

d. Il fait moins sept et je suis glacé.

→ ....

4. ÉCOUTEZ L'ENREGISTREMENT ET COCHEZ *WAAR / NIET WAAR* SELON LES CAS. LISEZ ENSUITE À HAUTE VOIX CHAQUE PHRASE PUIS RÉÉCOUTEZ L'ENREGISTREMENT.

	WAAR	NIET WAAR
a. Hij moet even z'n bril opzetten.		
b. Kijk, een horloge, een spelletje en een bal!		
c. Die lange broek past goed bij m'n trui.		
d. Ze worden verwend.		
e. We lezen eerst het gedichtje voor.		

23. LES HOBBYS

DE HOBBY'S

OBJECTIFS

- PARLER DE SON TEMPS LIBRE ET DE SES HOBBYS
- SAVOIR DÉSIGNER DIFFÉRENTS SPORTS
- SAVOIR DÉSIGNER DIFFÉRENTS INSTRUMENTS DE MUSIQUE
- EXPRIMER SON ACCORD

NOTIONS

- EXPRIMER DES SÉQUENCES
- LE COMPARATIF ET LE SUPERLATIF
- LES MOTS COMPOSÉS
- LE PARTICIPE PRÉSENT

LES HOBBYS

<u>Beja</u> : Que fais-tu pendant ta journée de congé demain ?

<u>Alfred</u> : En début de matinée, je vais au foot, car il n'y a rien de plus amusant que ça ! En milieu de matinée, j'amène mon fils(-petit) à [son cours] équitation et en fin de matinée (à la fin), je retourne de nouveau au terrain de foot.

<u>Beja</u> : Je ne comprends pas que cela t'amuse autant. De nos jours, on est (presque) pour ainsi dire obligé de faire du sport, mais je me distrais plus en écoutant de la musique par exemple ou en jouant du piano.

<u>Alfred</u> : Faire du sport est meilleur pour la santé que de rester assis sur la banquette ou de jouer d'un instrument.

<u>Beja</u> : Là-dessus je suis d'accord, mais je fais (obtiens) de l'exercice physique lors de ma promenade hebdomadaire dans le parc.

<u>Alfred</u> : Ha ha, et moi avec mes allers-retours à la tribune [du stade de foot] !

DE HOBBY'S

Beja: Wat doe jij op je vrije dag morgen?

Alfred: In het begin van de morgen ga ik naar het voetbal, want ik vind niks leuker dan dat! Halverwege de ochtend breng ik m'n zoontje naar paardrijden en aan het einde ga ik weer terug naar het voetbalveld.

Beja: Ik begrijp niet dat dat je zo amuseert. Tegenwoordig ben je bijna verplicht om aan sport te doen, maar ik vermaak me meer met bijvoorbeeld het luisteren naar muziek of met piano spelen.

Alfred: Sporten is beter voor je gezondheid dan op de bank zitten of een instrument bespelen.

Beja: Dat ben ik met je eens, maar m'n beweging krijg ik door m'n wekelijkse wandeling in het park.

Alfred: Ha ha, en ik met het heen en weer lopen op de voetbaltribune!

■ COMPRENDRE LE DIALOGUE
QUELQUES FORMULES ET EXPRESSIONS

→ **Wat doe jij (…) morgen?** *Que fais-tu (…) demain ?* **In het begin van de morgen (…)** *En début de matinée (…).* Ne confondez pas l'adverbe **morgen** *demain* avec le nom **de morgen** *le matin, la matinée*.

→ **(…) ik vind niks leuker dan dat** *(…) il n'y a rien de plus amusant que ça* litt. « je trouve rien plus amusant que cela » : en langage parlé **niks** est souvent utilisé à la place de **niets** *rien*.

→ On dit **(…) piano spelen** *(…) jouer du piano* mais **(…) een instrument be**spelen *(…) jouer (d')un instrument.*

→ **Dat ben ik met je eens (…)** *Là-dessus je suis d'accord (…)* litt. « cela suis-je avec toi d'accord » : notez l'expression **het (niet) eens zijn met iemand** *(ne pas) être d'accord avec quelqu'un.*

→ **(…) het heen en weer lopen (…)** *(…) mes allers-retours (…)* litt. « le aller et retour marcher ».

SPÉCIFICITÉS NÉERLANDAISES

Durant leur temps libre, les Néerlandais aiment consacrer du temps à faire du sport ou à leurs hobbys, comme jouer d'un instrument de musique.

Un des sports populaires aux Pays-Bas est **het voetbal** *le football*, mais les sports suivants sont également appréciés : **de fitness** *le fitness*, **het tennis** *le tennis*, **het vissen** *la pêche*, **het golf** *le golf*, **de gymnastiek** *la gymnastique*, **het hockey** *le hockey*, **het paardrijden** *l'équitation*, **de atletiek** *l'athlétisme*, **het zwemmen** *la natation* et **het volleybal** *le volley-ball*.

Quant aux instruments de musique, les suivants comptent parmi les plus populaires : **de piano** *le piano*, **het drumstel** *la batterie*, **de fluit** *la flûte*, **de gitaar** *la guitare*, **de viool** *le violon*, **de mondharmonica** *l'harmonica*, **de saxofoon** *le saxophone*, **de klarinet** *la clarinette* et **de trompet** *la trompette*.

◆ GRAMMAIRE
EXPRIMER DES SÉQUENCES

Pour exprimer une séquence, servez-vous des tournures suivantes : **in/aan het begin** *au début* ; **in het midden**, **halverwege** *au milieu* ; **aan het einde** *à la fin* ; **eerst** *d'abord* ; **dan** *puis* ; **vervolgens** *ensuite* ; **tot slot** *enfin, pour conclure* ; **ten**

eerste *premièrement* ; **ten tweede** *deuxièmement* ; **ten slotte** *enfin, finalement*.
Reportez-vous au module 12 pour la formation des nombres ordinaux.

LE COMPARATIF ET LE SUPERLATIF

Nous avons vu dans le module 11 que le comparatif se forme en ajoutant la terminaison **-er/-der** à l'adjectif. Après une comparaison d'infériorité ou de supériorité, on utilise **dan** *que* :
Ik vind niks leuker dan dat *Il n'y a rien de plus amusant que ça* ;
Sporten is beter voor je gezondheid dan op de bank zitten *Faire du sport est meilleur pour la santé que de rester assis sur la banquette.*

Une comparaison d'égalité se forme à l'aide de la structure /**net zo (even)** + adjectif + **als**/ *aussi* + adjectif + *que* :
Piano spelen is net zo/even leuk als gitaar spelen *Jouer du piano est aussi amusant que de jouer de la guitare* ;
Hij is net zo/even groot als ik* *Il est aussi grand que moi.*
* Sous-entendu « **ben** » : **Hij is even groot als ik ben** litt. « il est aussi grand que je suis ».

Sa négation se forme de la façon suivante : /**niet zo** + adjectif + **als**/ *ne pas aussi* + adjectif + *que* :
Hij is niet zo groot als ik *Il n'est pas aussi grand que moi.*

Le superlatif se forme en ajoutant **-st** à l'adjectif :
groot *grand* → **grootst** *le plus grand* ; **klein** *petit* → **kleinst** *le plus petit*.
Lorsque l'adjectif se termine déjà par un **-s**, il suffit d'ajouter un **-t** :
vers *frais* → **verst** *le plus frais*

Notez que les adjectifs suivants ont des formes irrégulières :
goed *bon* – **beter** *meilleur* – **best** *mieux* ;
graag *volontiers* – **liever** *de préférence* – **liefst** *par-dessus tout* ;
veel *beaucoup* – **meer** *plus* – **meest** *le plus* ;
weinig *peu (de)* – **minder** *moins* – **minst** *le moins*.

LES MOTS COMPOSÉS

Les mots composés de deux ou trois mots sont fréquents en néerlandais. On trouve également des combinaisons formées à partir d'un adjectif, d'un nombre ou d'un verbe. L'accent tonique se place en règle générale sur le premier mot, mais c'est le dernier mot qui est déterminant pour le genre :
de televisie *la télévision* – **het programma** *le programme* → **het televisieprogramma** *le programme de télévison* ;
oud *vieux* – **het jaar** *l'année* – **de avond** *le soir, la soirée* → **de oudejaarsavond** *le réveillon de la Saint-Sylvestre* ;
twee *deux* – **de kamer** *la pièce* – **de woning** *le logement* → **de tweekamerwoning** *le deux-pièces* ;
roken *fumer* – **de worst** *la saucisse* → **de rookworst** *la saucisse fumée*.

▲ CONJUGAISON
LE PARTICIPE PRÉSENT

Le participe présent se forme la plupart du temps en ajoutant un **-d** à l'infinitif du verbe :
lopen *marcher* → **lopend** *en marchant* ; **helpen** *aider* → **helpend** *en aidant*.
Le participe présent s'utilise comme en français en tant que gérondif :
Hij komt het kantoor lachend binnen *Il entre dans le bureau en riant*.
On le trouve également employé comme adjectif : **een helpende hand** *un coup de main, une main tendue* ; **een rijdende trein** *un train en marche*.
Son emploi est toutefois beaucoup moins fréquent qu'en français. Le néerlandais a recours la plupart du temps à d'autres moyens pour exprimer le gérondif, par exemple en utilisant une paraphrase avec une conjonction, une structure avec une préposition suivie d'un verbe substantivé ou encore en employant la structure /**door te** + infinitif/ :
Als je goed naar hem kijkt, zul je het begrijpen *En le regardant bien, tu le comprendras* ;
Ik vermaak me met het luisteren naar muziek *Je me distrais en écoutant de la musique* ;
bij het lachen *en riant* ; **door te hoesten** *en toussant*.

VOCABULAIRE

de hobby *le hobby*
vrij *libre*
de vrije dag *la journée de congé*
in/aan het begin *au début*
het voetbal *le football*
niks *ne rien*
leuk *amusant/e*
halverwege / in het midden *au milieu*
brengen *amener*
het paardrijden *l'équitation*
aan het einde *à la fin*
teruggaan *retourner*
weer *de nouveau*
het voetbalveld *le terrain de foot*
zich amuseren *s'amuser*
tegenwoordig *de nos jours, actuellement*
bijna *presque, pour ainsi dire*
verplicht zijn *être obligé/e*
aan sport doen *faire du sport*
zich vermaken *se distraire, s'amuser*
bijvoorbeeld *par exemple*
luisteren naar *écouter*
de muziek *la musique*
piano spelen *jouer du piano*
spelen *jouer*
de piano *le piano*
sporten *faire du sport*
de gezondheid *la santé*
de bank *la banquette, le canapé*
een instrument bespelen *jouer d'un instrument*
het instrument *l'instrument*
bespelen *jouer de*
het (niet) eens zijn met iemand *(ne pas) être d'accord avec quelqu'un*
de beweging *l'exercice physique*
wekelijks *hebdomadaire*
de wandeling *la promenade*
het park *le parc*
het heen en weer lopen *les allers-retours*
de voetbaltribune *la tribune (d'un stade de foot)*
de fitness *le fitness*
het tennis *le tennis*
het vissen *la pêche*
het golf *le golf*
de gymnastiek *la gymnastique*
het hockey *le hockey*
de atletiek *l'athlétisme*
het zwemmen *la natation, nager*
het volleybal *le volley-ball*
het drumstel *la batterie*
de fluit *la flûte*
de gitaar *la guitare*
de viool *le violon*
de mondharmonica *l'harmonica*
de saxofoon *le saxophone*
de klarinet *la clarinette*
de trompet *la trompette*
vervolgens *ensuite*
tot slot *enfin, pour conclure*
ten eerste *premièrement*
ten tweede *deuxièmement*
ten slotte *enfin, finalement*
dan *que (comparaison)*
net zo/even … als *aussi … que*
als *que (comparaison)*
niet zo … als *ne pas aussi … que*
meest *le plus*
minder *moins*
minst *le moins*
het programma *le programme*
de tweekamerwoning *le deux-pièces*

EXERCICES

1. ÉCRIVEZ LE COMPARATIF ET LE SUPERLATIF DES ADJECTIFS DONNÉS.

a. belangrijk → ....
b. gelukkig → ....
c. goed → ....
d. kort → ....
e. lekker → ....
f. veel → ....
g. slim → ....
h. warm → ....
i. weinig → ....
j. graag → ....
k. duur → ....
l. mooi → ....

2. COMPLÉTEZ LES PROPOSITIONS SUIVANTES À L'AIDE DE *ALS* OU *DAN* :

a. Haar dochter is jonger .... zijn zoon.

b. Deze kaas is net zo lekker .... die andere.

c. Zij roken meer .... wij.

d. Hij gaat liever naar de bioscoop .... naar het restaurant.

e. Deze vis is niet zo vers .... die daar.

3. TRADUISEZ LES PHRASES SUIVANTES :

a. Ze loopt te zingen.

→ ....

b. Laten we lopend naar het strand gaan!

→ ....

c. Wanneer krijg je buikpijn? - Bij het lachen.

→ ....

d. Als u goed naar me luistert, zult u het begrijpen.

→ ....

4. FORMEZ DES MOTS COMPOSÉS EN ASSOCIANT UN MOT DE LA COLONNE DE GAUCHE À UN MOT DE LA COLONNE DE DROITE, PUIS ÉCOUTEZ L'ENREGISTREMENT. ENFIN, RÉPÉTEZ LES MOTS COMPOSÉS EN MARQUANT BIEN L'ACCENT TONIQUE.

25

a. de televisie •
b. de telefoon •
c. volkoren •
d. de sollicitatie •

• 1. het brood
• 2. het programma
• 3. de brief
• 4. het nummer

24.
FAIRE DU SHOPPING

WINKELEN

OBJECTIFS

- SAVOIR DÉSIGNER DES BOUTIQUES
- DEMANDER DES TAILLES ET DES POINTURES
- PARLER DES VÊTEMENTS
- DIALOGUER AVEC LE PERSONNEL COMMERCIAL

NOTIONS

- LEXIQUE DE LA GARDE-ROBE
- LES VERBES PRONOMINAUX ET LES PRONOMS RÉFLÉCHIS

FAIRE DU SHOPPING

Claudia : Le mois prochain, Eline et Michiel se marient, (et) je vais donc [m']acheter de nouveaux vêtements. Je me demande si cette boutique de vêtements près de la banque est déjà ouverte.

Frans : Celle-là est encore fermée à mon avis, mais il y en a une [autre] dans le centre.

Claudia : Oh, tu veux dire celle près du salon de coiffure (coiffeur).

Dans le magasin de prêt-à-porter

Claudia : Avez-vous cette robe (dans) en taille 38 ?

Le vendeur : Bien sûr, voulez-vous l'essayer ?

Claudia : S'il vous plaît, et je cherche un manteau pour aller avec. Et des bottines à talons hauts, pointure 40.

Le vendeur : Essayez donc ce manteau-ci !

Claudia : Il est très joli. Je jette un regard dans le miroir.

Le vendeur : C'est un modèle assez simple, mais il se porte avec tout (partout). Et il vous va bien.

Claudia : Hmm, je vois qu'il est soldé. Oh, il est troué !

WINKELEN

Claudia: Volgende maand trouwen Eline en Michiel, dus ik ga nieuwe kleren kopen. Ik vraag me af of die kledingwinkel in de buurt van de bank al open is.

Frans: Die is volgens mij nog gesloten, maar er zit er één in het centrum.

Claudia: O, je bedoelt die bij de kapper.

In de modewinkel

Claudia: Heeft u deze jurk in maat 38?

Verkoper: Jazeker, wilt u hem passen?

Claudia: Graag, en ik zoek een jas die erbij past. En laarsjes met hoge hakken, maat 40.

Verkoper: Probeert u deze jas maar!

Claudia: Hij is bijzonder mooi. Even in de spiegel kijken.

Verkoper: Het is een tamelijk eenvoudig model, maar u kunt hem overal bij dragen. En hij staat u goed.

Claudia: Hmm, ik zie dat hij is afgeprijsd. O, er zit een gaatje in!

COMPRENDRE LE DIALOGUE
QUELQUES FORMULES ET EXPRESSIONS

→ **(…) trouwen (…) dus ik ga nieuwe kleren kopen** *(…) se marient, (et) je vais donc [m']acheter de nouveaux vêtements*. Le verbe **trouwen** *se marier* n'est pas un verbe pronominal en néerlandais. Le nom **de kleren** *les vêtements* s'emploie uniquement au pluriel, contrairement à son synonyme **de kleding** *les vêtements* qui s'emploie uniquement au singulier.

→ **Ik vraag me af of (…)** *Je me demande si (…)* : le verbe **zich afvragen of** *se demander si* est un verbe pronominal. Nous y reviendrons dans la partie grammaticale de ce module.

→ **(…) in de buurt van (…)** *(…) près de (…)* litt. « dans le quartier de » est synonyme de **bij** *près de*.

→ **Die is (…) nog gesloten** *Celle-là est encore fermée (…)* : **gesloten** *fermé* – synonyme de **dicht** – est le participe passé de **sluiten** *fermer*.

→ **Heeft u deze jurk in maat 38?** *Avez-vous cette robe en taille 38 ?* **(…) laarsjes (…) maat 40** *(…) des bottines (…) pointure 40*. Le néerlandais connaît un seul mot pour *la taille* et *la pointure* **de maat**.

→ **(…) wilt u hem passen?** *(…) voulez-vous l'essayer ?* Le verbe **passen** *essayer* s'utilise seulement pour des vêtements. Par contre, le verbe **proberen** *essayer* a un sens plus large.

→ **(…) bijzonder mooi** *(…) très joli* : le « **ij** » de **bijzonder** *très* se prononce avec un **-i** long.

→ **En hij staat u goed** *Et il vous va bien*. Le verbe **staan** *aller, convenir* s'emploie pour indiquer si un vêtement sied ou non.

→ **(…) is afgeprijsd** *(…) est soldé*. Il s'agit du participe passé du verbe **afprijzen** *solder*. *Le prix* se traduit par **de prijs**.

→ **O, er zit een gaatje in!** *Oh, il est troué !* litt. « y est assis un petit trou dans ». Notez que le nom **het gat** *le trou* se prononce avec un **-a** court mais **het gaatje** *le petit trou* contient un **-a** long.

SPÉCIFICITÉS NÉERLANDAISES

Le centre-ville **de binnenstad** des villes néerlandaises dispose d'une ou plusieurs rues commerçantes – parfois entièrement **autovrij** *piétonnes* litt. « voiture libre » – où l'on peut faire du shopping. À côté des boutiques de prêt-à-porter, vous trouverez des cafés ou des salons de thé sympathiques, ou encore des marchés aux fleurs, d'antiquités ou de livres. Quelques villes connues où il est agréable de flâner dans les rues commerçantes sont **Amsterdam**, **Maastricht**, **Haarlem**, **Utrecht**, **Delft**,

Alkmaar, **Leiden** *Leyde*, **Den Haag** *La Haye*, et tant d'autres. Ne soyez pas surpris de voir indiqué sur les panneaux de circulation pour *La Haye* « **'s-Gravenhage** » litt. « du comte haye » et pour **Den Bosch** « **'s-Hertogenbosch** » *Bois-le-Duc* litt. « du duc bois », car **Den Bosch** et **Den Haag** sont des formes abrégées. Notez que l'orthographe actuelle pour dire *bois* est **bos** et non **bosch**.

LEXIQUE DE LA GARDE-ROBE

Dans le domaine de *la garde-robe* **de garderobe**, voici quelques noms de vêtements utiles à connaître : **de bloes** *le chemisier, la chemise* (pour femmes), **het overhemd** *le chemisier, la chemise* (pour hommes), **de stropdas** *la cravate*, **de sjaal** *le foulard, l'écharpe*, **de kous** *le bas*, **de sok** *la chaussette*, **de rok** *la jupe*, **de korte broek / de short** *le short*, **de onderbroek** *la culotte, le caleçon*, **de slip** *le slip*, **de beha** *le « soutif »* (une abréviation de **de bustehouder** *le soutien-gorge*), **het hemd** *le maillot de corps*.

◆ GRAMMAIRE
LES VERBES PRONOMINAUX ET LES PRONOMS RÉFLÉCHIS

On parle de verbes pronominaux réfléchis lorsque le sujet subit l'action qu'il effectue. Souvent, il y a concordance entre le français et le néerlandais :
zich amuseren *s'amuser* ; **zich bevinden** *se trouver* ; **zich ergeren** *s'énerver* ; **zich vergissen** *se tromper* ; **zich vermaken** *s'amuser*.

On parle de verbes pronominaux réciproques lorsque les sujets subissent une interaction. Dans ce cas, le pronom *se* a le sens de *l'un l'autre, les uns les autres* et se traduit alors par **elkaar** :
Ze houden van elkaar *Ils/Elles s'aiment les uns/unes les autres*.

Cependant, un verbe pronominal en français ne l'est pas forcément en néerlandais et vice versa :
trouwen *se marier* ; **heten** *s'appeler* ; **wakker worden** *se réveiller*.
zich schamen *avoir honte* ; **zich bewust zijn** *être conscient*.

Récapitulons à présent les différentes formes du pronom réfléchi à l'aide du verbe **zich ergeren** *s'énerver* :

ik erger me/mij* *je m'énerve* ; **je ergert je** *tu t'énerves* ; **u ergert u/zich**** (voir page suivante) *vous vous énervez* ; **hij, ze ergert zich** *il, elle s'énerve*, **we ergeren ons** *nous nous énervons*, **jullie ergeren je** *vous vous énervez*, **ze ergeren zich** *ils, elles s'énervent*.

* À la 1ʳᵉ forme du singulier, il est possible d'utiliser la forme accentuée **mij** *moi* :
Ik erger mij echt aan die man *Cet homme m'énerve vraiment* litt. « j'énerve moi vraiment à cet homme ».

** À la forme de politesse, il existe deux formes : **u** et **zich** *se*. Après **u hebt / u bent**, il est préférable d'utiliser **u** :
U hebt u vergist *Vous vous êtes trompés* ; **U bent u bewust ...** *Vous êtes conscients ...*

Après **u heeft**, il est préférable d'utiliser **zich** : **U heeft zich vermaakt** *Vous vous êtes amusés.*

La forme **zich** est également employée pour éviter de juxtaposer le pronom personnel **u** et le pronom réfléchi **u** : **Amuseert u zich?** *Vous amusez-vous ?*

Le suffixe **-zelf** *-même* sert à renforcer le pronom :
Geloof dus in jezelf! *Aie donc confiance en toi-même !*
Maak 't jezelf niet te moeilijk! *Arrête de te montrer trop dur envers toi-même !*

● EXERCICES

1. COMPLÉTEZ LES PHRASES SUIVANTES À L'AIDE DU PRONOM RÉFLÉCHI ADÉQUAT :

a. Hij gelooft in ....zelf.

b. Ze wassen (*laver*) .... niet vaak. (2 possibilités)

c. Vermaakt u ....hier wel?

d. Ik erger .... aan die verkoopster. (2 possibilités)

e. Je vergist ....

2. TRADUISEZ LES VERBES SUIVANTS :

a. zich schamen → ....
b. zich vergissen → ....
c. zich vermaken → ....
d. trouwen → ....
e. heten → ....
f. zich bewust zijn → ....
g. wakker worden → ....
h. zich ergeren → ....

● VOCABULAIRE

winkelen *faire du shopping*
volgend *prochain/e, suivant/e*
trouwen *se marier*
de kleren (pl.) *les vêtements*
kopen *acheter*
zich afvragen of *se demander si*
de kledingwinkel *le magasin de vêtements*
de kleding (sing.) *les vêtements*
de winkel *le magasin, la boutique*
in de buurt van *près de, dans les environs*
de buurt *le quartier*
de bank *la banque*
volgens *selon*
gesloten *fermé/e*
sluiten *fermer*
het centrum *le centre, le centre-ville*
bedoelen *vouloir dire, parler de*
bij *près de*
de kapper *le coiffeur, le salon de coiffure*
de modewinkel *le magasin de prêt-à-porter*
de jurk *la robe*
de maat *la taille, la pointure*
de verkoper *le vendeur*
passen *essayer* (un vêtement)
de jas *le manteau*
het laarsje *la bottine*
de laars *la botte*
hoog *haut/e* (adj.)
de hak *le talon*
bijzonder *très*
de spiegel *le miroir*
tamelijk *assez*
eenvoudig *simple*
het model *le modèle*

overal *partout*
dragen *porter*
staan *aller, convenir*
afgeprijsd *soldé/e*
afprijzen *solder*
de prijs *le prix*
het gaatje *le petit trou*
het gat *le trou*
de binnenstad *le centre-ville*
autovrij *piéton/ne* (adj.)
Leiden *Leyde*
Den Haag/'s-Gravenhage *La Haye*
Den Bosch/'s-Hertogenbosch *Bois-le-Duc*
het bos *le bois*
de garderobe *la garde-robe*
de bloes *le chemisier, la chemise* (pour femmes)
het overhemd *le chemisier, la chemise* (pour hommes)
de stropdas *la cravate*
de sjaal *le foulard, l'écharpe*
de kous *le bas*
de sok *la chaussette*
de rok *la jupe*
de korte broek / de short *le short*
de onderbroek *la culotte, le caleçon*
de slip *le slip*
de beha / de bustehouder *le « soutif » / le soutien-gorge*
het hemd *le maillot de corps*
elkaar *se, l'un l'autre, les uns les autres*
wakker worden *se réveiller*
zich schamen *avoir honte*
zich bewust zijn *être conscient/e*
zich *se*
-zelf *-même*
wassen *laver*

3. TRADUISEZ CES PHRASES :

a. Où est mon chemisier ?

→ ....

b. Ces petites bottines à talons hauts vous vont bien.

→ ....

c. Puis-je essayer cette jupe ?

→ ....

d. Avez-vous ces chaussures en pointure 42 ?

→ ....

e. Il cherche un magasin de vêtements.

→ ....

4. LISEZ LES PHRASES CI-DESSOUS PUIS TRANSFORMEZ-LES EN QUESTION. ENFIN, ÉCOUTEZ L'ENREGISTREMENT POUR VÉRIFIER VOS RÉPONSES.
26

a. De binnenstad van Den Bosch is autovrij.

b. Er zit een gaatje in die jas.

c. U vindt dat eenvoudige model bijzonder mooi.

d. Je bedoelt die bank in de buurt van de kapper.

25. PARTIR EN WEEK-END

EEN WEEKEND WEG

OBJECTIFS

- SAVOIR DÉCRIRE DES ÉVÉNEMENTS DANS LE PASSÉ
- UTILISER QUELQUES TERMES SPÉCIFIQUES AUX REPAS
- DEMANDER LA SIGNIFICATION D'UN MOT ET Y RÉPONDRE
- SAVOIR DÉCRIRE SES PROJETS DE SORTIES

NOTIONS

- LES PRONOMS RELATIFS *DIE* ET *DAT* QUE, QUI
- LES PRONOMS DÉMONSTRATIFS *DIE* ET *DAT* IL, ELLE
- LE PASSÉ

PARTIR EN WEEK-END

<u>Floor</u> : As-tu passé un bon week-end ?

<u>Edwin</u> : Superbe, je suis allé [au bord de] la mer. Samedi, j'ai fait un tour en bateau sur l'Escaut oriental et hier j'ai visité un musée à Zierikzee.

<u>Floor</u> : Il faisait beau ?

<u>Edwin</u> : Il faisait assez froid, mais il n'a pas plu.

<u>Floor</u> : Y a-t-il là-bas aussi ce bateau « horeca » qui tient lieu de restaurant ? Il paraît que leur brunch est exquis !

<u>Edwin</u> : Horeca ? Qu'est-ce que cela signifie ?

<u>Floor</u> : C'est un acronyme des mots « hotel », « restaurant » et « café ».

<u>Edwin</u> : Ah ! Non, je n'ai pas vu de bateau de la sorte.

<u>Floor</u> : Ben, moi, le week-end prochain je vais probablement à Den Burg à Texel. Je veux (y) voir le clocher et aller à la piscine.

<u>Edwin</u> : Tu as raison, car il va faire beau !

EEN WEEKEND WEG

Floor: Heb je een prettig weekend gehad?

Edwin: Heerlijk, ik ben naar zee geweest. Op zaterdag heb ik een rondvaart op de Oosterschelde gemaakt en gisteren heb ik in Zierikzee een museum bezocht.

Floor: Had je mooi weer?

Edwin: Het was nogal koud, maar het heeft niet geregend.

Floor: Heb je daar ook die horecaboot die dienst doet als eethuis? Het schijnt dat je daar verrukkelijk kunt brunchen!

Edwin: Horeca? Wat betekent dat?

Floor: Dat is een afkorting van de woorden 'hotel', 'restaurant' en 'café'.

Edwin: Ah! Nee, zo'n soort boot heb ik niet gezien.

Floor: Nou, ik ga volgend weekend waarschijnlijk naar Den Burg op Texel. Ik wil daar de kerktoren zien en naar het zwembad.

Edwin: Gelijk heb je, want het wordt mooi weer!

■ COMPRENDRE LE DIALOGUE
QUELQUES FORMULES ET EXPRESSIONS

→ **Een weekend weg** *Partir en week-end*. Notez que la partie verbale **gaan** *aller* est sous-entendue : **weggaan** *partir*.

→ **Heb je een prettig weekend gehad?** *As-tu passé un bon week-end ?* Les adjectifs **prettig** ou **fijn**, *agréable* se combinent avec le nom **het weekend** *le week-end*. La forme **gehad** *eu* est le participe passé de **hebben** *avoir*.

→ **Had je mooi weer?** *Il faisait beau ?* litt. « avais tu beau temps ». La forme **had** *avais* est l'imparfait de **hebben** *avoir*. Reportez-vous aux explications grammaticales de ce module pour en savoir plus sur l'imparfait et le passé composé.

→ **Het schijnt dat je daar verrukkelijk kunt brunchen!** *Il paraît que leur brunch est exquis !* litt. « il paraît que tu là-bas excellent peut déjeuner ».

→ **Wat betekent dat?** *Qu'est-ce que cela signifie ?* Ne confondez pas **betekenen** *signifier* avec **bedoelen** *vouloir dire*.

→ **volgend weekend** *week-end prochain* : retenez les adjectifs **volgend** *prochain* et **vorig** *passé*.

→ **(…) het wordt mooi weer!** *(…) il va faire beau !* litt. « il devient beau temps ».

SPÉCIFICITÉS NÉERLANDAISES

La ville de **Zierikzee** se trouve dans la province de *Zélande* **Zeeland** au sud des Pays-Bas. Après l'inondation catastrophique de 1953 d'une grande partie de la province, *le plan Delta* **het Deltaplan** fut imaginé. Ce système de défense est composé de digues et de barrages, dont le plus connu est celui du **Oosterscheldekering**. Il se ferme ou s'ouvre en fonction du temps.

L'île de **Texel** fait partie des cinq *îles des Wadden* **Waddeneilanden** néerlandaises entre *la mer du Nord* **de Noordzee** et *la mer des Wadden* **de Waddenzee**, au nord du pays. À marée basse, vous pouvez – sous la conduite d'un guide – passer à gué jusqu'aux îles, d'où le nom, composé de **het wad** *le haut-fond, le gué* et **het eiland** *l'île*. Elles sont appréciées pour la richesse de leur faune et de leur flore. **Texel** appartient à la province de la *Hollande-Septentrionale* **Noord-Holland**. Les autres îles, **Vlieland**, **Terschelling**, **Ameland** et **Schiermonnikoog**, font partie de la province de la *Frise* **Friesland**.

Les Néerlandais ne prennent, en règle générale, qu'un seul repas chaud par jour, la plupart du temps le soir : **het avondeten** *le dîner*. Les autres repas, celui du matin

het ontbijt *le petit-déjeuner* et du midi **het middageten** *le déjeuner*, sont des repas froids, composés de céréales et/ou de tartines avec du fromage, de la charcuterie et des produits à tartiner comme **de pindakaas** *la pâte d'arachide* ou **de hagelslag** *des vermicelles de chocolat*.

Les termes **de lunch** *le déjeuner* et **het diner** *le dîner* appartiennent à un registre plus formel.

Les verbes dérivés des différents noms de repas sont : **ontbijten** *prendre le petit-déjeuner*, **lunchen** *déjeuner*, **dineren** *dîner* et **brunchen** *déjeuner*. Ce dernier vient du mot **de brunch** *le déjeuner* (une contraction des mots anglais « *breakfast* » *petit déjeuner* et « *lunch* » *déjeuner*).

◆ **GRAMMAIRE**
LES PRONOMS RELATIFS *DIE* ET *DAT* QUE, QUI

Les pronoms **die** et **dat** *que, qui* s'utilisent comme pronom relatif : **die** pour référer à un nom singulier du genre commun et au pluriel et **dat** au genre neutre :
de man die … *l'homme qui* … / **de jassen die** … *les manteaux que* … / **het huis dat** … *la maison que* …
de horecaboot die *le bateau « horeca » qui*

LES PRONOMS DÉMONSTRATIFS *DIE* ET *DAT* IL, ELLE

Le pronom personnel sujet est souvent remplacé par le pronom démonstratif **die** ou **dat** *il, elle* :
die est utilisé pour référer à des noms du genre commun et au pluriel et **dat** est utilisé pour des noms singuliers du genre neutre. Ceci permet de le mettre plus en valeur, surtout lorsqu'il est placé en tête de phrase :
de winkel *le magasin, la boutique* → **Die is gesloten** *Il/Elle est fermé/e* ;
de winkels *les magasins, les boutiques* → **Die zijn open** *Ils/Elles sont ouverts/ouvertes* ;
het brood *le pain* → **Dat ligt op tafel** *Il est sur la table* ;
het inktpatroon *la cartouche d'encre* → **Dat ligt op mijn bureau** *Elle se trouve sur mon bureau*.

▲ CONJUGAISON
LE PASSÉ

Le passé composé s'emploie pour décrire des événements isolés dans le passé, dont le résultat ou les conséquences se répercutent dans le présent. Il se forme la plupart du temps avec l'auxiliaire **hebben** avoir, conjugué au présent. Le participe passé se trouve, en règle générale, à la fin de la phrase :
- **Gisteren heb ik een museum bezocht** Hier j'ai visité un musée. La forme **bezocht** visité est le participe passé irrégulier de **bezoeken** visiter.
- **Het heeft niet geregend** Il n'a pas plu. La forme **geregend** plu est le participe passé régulier de **regenen** pleuvoir.

Le participe passé du verbe **zijn** être est **geweest** été. Notez qu'il se forme avec l'auxiliaire **zijn** être : **Ik ben naar zee geweest** Je suis allé au bord de la mer litt. « je suis vers mer été ».

Le prétérit est le temps de la narration. Il se traduit en français par un imparfait, mais également par un passé simple ou un passé composé. Il permet de raconter ou de décrire une situation dans le passé.
Het was nogal koud (...) (...) Il faisait assez froid litt. « il était assez froid ». La forme **was** était est l'imparfait de **zijn** être.
Nous allons revenir sur la formation du passé composé et du prétérit dans les modules 27 et 29.

● EXERCICES

1. COMPLÉTEZ LES FRAGMENTS SUIVANTS À L'AIDE D'UN ARTICLE DÉFINI ET DU PRONOM RELATIF *DIE* OU *DAT* :

a. .... rondvaart ....

b. .... zwembad ....

c. .... boten ....

d. .... broden ....

VOCABULAIRE

weggaan *partir*
prettig *agréable, bon/ne*
heerlijk *superbe*
de zee *la mer*
de rondvaart *le tour en bateau*
de Oosterschelde *l'Escaut oriental*
een rondvaart maken *faire un tour en bateau*
het museum *le musée*
bezoeken *visiter*
het weer *le temps*
nogal *assez*
regenen *pleuvoir*
de horecaboot *le bateau restaurant*
de boot *le bateau*
horeca (hotel restaurant café) *hôtel restaurant café*
die *qui, que*
dienst doen als *tenir lieu de*
het eethuis *le restaurant*
schijnen *paraître, sembler*
verrukkelijk *exquis/e*
brunchen *déjeuner*
betekenen *signifier*
de afkorting *l'acronyme, l'abréviation*
het woord *le mot*
het hotel *l'hôtel*
zo'n soort *de la sorte*
waarschijnlijk *probablement, vraisemblablement*
de kerktoren *le clocher*
de kerk *l'église*
de toren *la tour*
het zwembad *la piscine*
gelijk hebben *avoir raison*
Zeeland (het) *la Zélande*
het Deltaplan *le plan Delta*
de Oosterscheldekering *le barrage de l'Escaut*
de Waddeneilanden *les îles des Wadden*
de Noordzee *la mer du Nord*
de Waddenzee *la mer des Wadden*
het wad *le haut-fond, le gué*
het eiland *l'île*
Noord-Holland (het) *la Hollande-Septentrionale*
Friesland (het) *la Frise*
het avondeten *le dîner*
het ontbijt *le petit-déjeuner*
het middageten *le déjeuner*
de pindakaas *la pâte d'arachide*
de pinda *l'arachide, la cacahuète*
de hagelslag *des vermicelles de chocolat*
de lunch *le déjeuner*
het diner *le dîner*
ontbijten *prendre le petit-déjeuner*
dineren *dîner*
de brunch *le déjeuner*

2. COMPLÉTEZ LES PHRASES SUIVANTES À L'AIDE DU BON PRONOM DÉMONSTRATIF :

a. de zee → .... is nogal koud.

b. de kaas → .... is heerlijk!

c. haar gezicht → .... herinner ik me niet meer.

d. onze zoon → .... woont in Haarlem.

3. PLACEZ LES VERBES *BEGRIJPEN, BETEKENEN, BEDOELEN, BEDANKEN* AU BON ENDROIT EN RESPECTANT LA BONNE CONJUGAISON.

a. Wat .... dat woord?

b. Ze .... niet waarom dat belangrijk is. (2 possibilités)

c. Hij .... haar voor het cadeau.

d. .... je die winkel in de buurt van de bank?

4. ÉCOUTEZ CHAQUE PHRASE EN FAISANT ATTENTION À L'INTONATION. ÉCRIVEZ-LES PUIS RÉPÉTEZ-LES.

a. ....

b. ....

c. ....

d. ....

e. ....

f. ....

26.
À L'OFFICE DE TOURISME

BIJ HET VVV-KANTOOR

OBJECTIFS

- POSER DES QUESTIONS ET RÉPONDRE AU SUJET DE L'ORGANISATION D'UN VOYAGE
- ÉNUMÉRER PLUSIEURS TYPES D'HÉBERGEMENT
- EXPRIMER UNE AFFINITÉ OU SON CONTRAIRE

NOTIONS

- LEXIQUE DES DIFFÉRENTS TYPES D'HÉBERGEMENTS
- LES VERBES *BEVALLEN* PLAIRE, *VINDEN* TROUVER ET *LIJKEN* AVOIR L'AIR, PARAÎTRE
- LA STRUCTURE *WAT VOOR SOORT?* QUEL TYPE ?
- LES PRÉPOSITIONS *OP* SUR, EN ET *MET* AVEC, EN
- L'EMPLOI DE *MEN* ON

À L'OFFICE DE TOURISME

Huib : Salut, je voudrais des renseignements [pour faire] un circuit au mois de mai. L'année dernière, j'ai visité (je suis allé vers) quelques villes hanséatiques, mais cette fois-ci j'aurais voulu aller autre part.

Olga : Avec quel moyen de transport souhaites-tu voyager ? (Avec) la voiture ?

Huib : Je sais que de nos jours on prend facilement la voiture, mais je privilégie le vélo (fais du vélo volontiers).

Olga : Et quel type d'hébergement préfères-tu ?

Huib : La dernière fois, j'avais un emplacement sympa dans (sur) un camping et cela [m']a plu, donc quelque chose de ce genre.

Olga : Que penses-tu d'un tour à vélo autour du lac d'IJssel ? On traverse des zones naturelles splendides et on passe dans des villages historiques connus avec des rues médiévales animées.

Huib : Oui, ça m'a l'air bien. Et à vélo, je peux descendre où je veux.

BIJ HET VVV-KANTOOR

Huib: Hallo, ik wil graag inlichtingen over een rondreis voor in de maand mei. Vorig jaar ben ik naar een aantal Hanzesteden gegaan, maar ditmaal zou ik graag ergens anders naartoe willen.

Olga: Hoe wil je reizen? Met de auto?

Huib: Ik weet dat men tegenwoordig makkelijk de auto neemt, maar ik fiets graag.

Olga: En naar wat voor soort vakantieaccommodatie gaat je voorkeur uit?

Huib: De vorige keer had ik een leuke plek op een camping en dat is goed bevallen, dus iets dergelijks.

Olga: Wat dacht je van een fietsvakantie rond het IJsselmeer? Je fietst door schitterende natuurgebieden en je komt langs bekende historische dorpjes met gezellige middeleeuwse straatjes.

Huib: Ja, dat lijkt me wel wat. En met de fiets kan ik afstappen waar ik wil.

■ COMPRENDRE LE DIALOGUE
QUELQUES FORMULES ET EXPRESSIONS

→ **(...) het VVV-kantoor** *(...) l'office de tourisme.* **VVV** signifie **Vereniging voor Vreemdelingenverkeer** litt. « association pour étrangers circulation ».

→ **(...) inlichtingen over een rondreis voor in de maand mei** *(...) des renseignements pour faire un circuit au mois de mai* litt. « renseignements sur un autour voyage pour dans le mois mai ».

→ **(...) ben ik naar een aantal Hanzesteden gegaan** *(...) j'ai visité (je suis allé vers) quelques villes hanséatiques* : **gegaan** *allé* est le participe passé de **gaan** *aller*. Notez aussi le pluriel irrégulier de **de stad** *la ville* : **de steden** *les villes*.

→ **(...) ditmaal zou ik graag ergens anders naartoe willen** *(...) cette fois-ci j'aurais voulu aller autre part* litt. « cette fois aurais je volontiers quelque part autre vers vouloir ». Le mot **ditmaal** *cette fois* s'écrit en un seul mot. La combinaison **ergens anders** signifie *ailleurs*. La forme **zou** *aurais, aurait* est le prétérit singulier du verbe **zullen** et exprime ici un conditionnel.

→ **En naar wat voor soort vakantieaccommodatie gaat je voorkeur uit?** *Et quel type d'hébergement préfères-tu ?* Retenez l'expression /adj. possessif + **voorkeur uitgaan naar**/ adj. possessif + *préférence aller à*.

→ **(...) dat is goed bevallen** *(...) cela (m)'a plu*. Le participe passé de **bevallen** *plaire* est **bevallen** *plu*.

→ **Wat dacht je van (...)?** *Que penses-tu de (...) ?* litt. « que pensais tu de ». La forme **dacht** *pensais, pensait* est le prétérit de **denken** *penser*.

LEXIQUE DES DIFFÉRENTS TYPES D'HÉBERGEMENTS

Voici quelques termes pour désigner différents *types d'hébergement* **vakantieaccommodaties** :

de camping *le camping, le terrain de camping*, **de tent** *la tente*, **de caravan** *la caravane*, **de stacaravan** *le mobil-home*, **de jeugdherberg** *l'auberge de jeunesse*, **het vakantiehuisje** *le bungalow*, **het bungalowpark** *le village de vacances*, **het hotel** *l'hôtel*, **het appartement** *l'appartement*.

Notez que le premier et le dernier **a** de **caravan** se prononcent « à l'anglaise » avec un **e** court [kèrevèn], tout comme le **a** de **camping**. Par contre, le verbe **kamperen** *camper, faire du camping* s'écrit avec un **k** et se prononce avec un **a** court.

SPÉCIFICITÉS NÉERLANDAISES

Le terme **gezellig** *animé*, *ambiance conviviale* se traduit difficilement, car il n'y a pas d'équivalent exact en français. Il est fréquemment utilisé en néerlandais et indique une ambiance conviviale, agréable, où l'on se sent bien, la plupart du temps en compagnie d'autres personnes.

Environ un quart du territoire des Pays-Bas est situé sous le niveau de la mer, ce qui implique une lutte permanente contre l'eau. Une concertation de tous les partenaires* fut nécessaire pour arriver à une gestion efficace de l'eau. Au fil des années, des lacs entiers furent asséchés pour laisser la place à *des polders* **de polder**, et *des digues* **de dijk** furent construites, dont la plus connue est **de Afsluitdijk** *la digue de fermeture* transformant *l'ancien golfe de la mer du Nord* **de Zuiderzee** en un lac d'eau douce **het IJsselmeer** *le lac d'IJssel*.

* Diverses administrations centrales et différents ministères mais aussi des collectivités locales (au niveau des provinces et des municipalités), ou encore des associations de protection de l'environnement ou des ingénieurs publics chargés de la protection contre les eaux.

La place importante que l'eau a occupée dans l'histoire et la culture néerlandaises a laissé son empreinte dans la langue avec un vocabulaire spécifique. Ainsi on retrouve le mot **de dam** *le barrage* dans les noms de villes comme **Amsterdam** ou **Rotterdam**. D'autres mots afférents à l'eau sont par exemple **de waterkering** *le barrage*, **het waterschap** *l'Administration des Eaux***, **de gracht** *le canal*, **de sloot** *le fossé*, **het kanaal** *le canal*, **de haven** *le port* ou **de ophaalbrug** *le pont-levis, le pont à bascule*.

** Cet organisme fait partie des institutions chargées de la surveillance et la gestion des eaux dans une région donnée. Les premières datent du XIIIe siècle.

LES VERBES *BEVALLEN* PLAIRE, *VINDEN* TROUVER ET *LIJKEN* AVOIR L'AIR, PARAÎTRE

Le verbe **bevallen** *plaire, convenir* s'utilise pour indiquer une affinité ou son contraire :
Dat bevalt me goed/niet *Cela me plaît bien / cela ne me plaît pas*.
Vous pouvez aussi employer les verbes **vinden** *trouver* ou **lijken** *avoir l'air, paraître* :
Dat vind ik leuk *Je trouve cela sympa* ; **Ik vind dat niks** *Cela ne me plaît pas, Je n'aime pas cela* ;

Dat lijkt me wat *Cela me va/convient/plaît* ; **Dat lijkt me geen goed idee** *Cela ne me paraît pas être une bonne idée.*

◆ GRAMMAIRE
LA STRUCTURE *WAT VOOR SOORT?* QUEL TYPE ?

Pour demander *quel type/genre de… ?* employez la structure **wat voor soort … ?**. Pour y répondre, vous pouvez utiliser : **iets dergelijks** *quelque chose de ce genre* ; **zo'n soort** *de la sorte.*

LES PRÉPOSITIONS *OP* SUR, EN ET *MET* AVEC, EN

Les prépositions **op** *sur* ou **met** *avec* s'emploient pour les moyens de transport sur lesquels on est assis : **fiets** *vélo*, **motor** *moto*, etc. En revanche, notez que l'on emploie uniquement la préposition **met** *avec* pour les moyens de transport dans lesquels on est assis :

met/op de fiets, de motor, de brommer *à vélo, à moto, à cyclomoteur*
met de auto, het vliegtuig, de boot, de trein, de tram, de bus *en voiture, en avion, en bateau, en train, en tramway, en bus/car.*

Retenez également que la traduction des verbes *monter* et *descendre* varie en fonction des différents moyens de transport :

fiets, **motor** etc. → **opstappen** *monter (sur)*, **afstappen** *descendre*
auto, **vliegtuig** etc. → **instappen** *monter (dans)*, **uitstappen** *descendre.*

L'EMPLOI DE *MEN* ON

Le pronom indéfini **men** *on*, est considéré comme relativement formel. Dans le paragraphe « Comprendre le dialogue » du module 15, vous avez vu qu'en néerlandais, le pronom personnel **je** *tu* peut prendre le sens plus neutre de *on*. Nous y avons plus fréquemment recours que l'emploi de son pendant indéfini.

VOCABULAIRE

het VVV-kantoor l'office de tourisme
de vereniging l'association
de vreemdeling l'étranger
het verkeer la circulation, le trafic
de inlichting le renseignement
de rondreis le circuit
een aantal quelques, un certain nombre
het aantal le nombre
de Hanzestad la ville hanséatique
de stad la ville
ditmaal cette fois(-ci)
de maal la fois
ergens anders autre part, ailleurs
men on
wat voor soort …? quel type, quel genre de… ?
de vakantieaccommodatie le type d'hébergement
… voorkeur uitgaan naar … préférence aller à
de keer la fois
de plek l'emplacement, l'endroit, la place
de camping le camping, le terrain de camping
bevallen plaire, convenir
iets dergelijks quelque chose de ce genre
de fietsvakantie les vacances à vélo
rond autour de
het IJsselmeer le lac d'IJssel
het meer le lac
door à travers, par
schitterend splendide
het natuurgebied la zone naturelle, l'espace naturel
de natuur la nature
het gebied la zone, le terrain, le domaine
langs le long de
bekend connu/e
historisch historique
gezellig animé/e, ambiance conviviale
middeleeuws médiéval/e
lijken avoir l'air, paraître
afstappen descendre
de tent la tente
de caravan la caravane
de stacaravan le mobil-home
de jeugdherberg l'auberge de jeunesse
het vakantiehuisje le bungalow
het bungalowpark le village de vacances
kamperen camper, faire du camping
de polder le polder
de dijk la digue
de Afsluitdijk la digue de fermeture
de Zuiderzee l'ancien golfe de la mer du Nord
de dam le barrage
de waterkering le barrage
het waterschap l'Administration des Eaux
de gracht le canal
de sloot le fossé
het kanaal le canal
de haven le port
de ophaalbrug le pont-levis, le pont à bascule
de brug le pont
de motor la moto
de brommer le cyclomoteur
het vliegtuig l'avion
de bus le bus, le car
opstappen monter (sur)
instappen monter (dans)
uitstappen descendre

⬢ EXERCICES

1. COMPLÉTEZ LES PHRASES SUIVANTES À L'AIDE DE LA PRÉPOSITION *OP* ET/OU *MET* :

a. Hij gaat .... de brommer naar het strand.

b. Ik ga het liefst .... het vliegtuig.

c. .... de fiets kunnen ze stoppen waar ze willen.

d. Ga je .... de boot naar Engeland of .... de trein?

2. DONNEZ LA BONNE TRADUCTION DU VERBE DONNÉ ENTRE PARENTHÈSES, EN FONCTION DU MOYEN DE TRANSPORT CITÉ.

a. motor (*descendre*) → ....
b. bus (*descendre*) → ....
c. tram (*monter*) → ....
d. fiets (*monter*) → ....

3. TRADUISEZ LES PHRASES SUIVANTES :

a. Ditmaal zou ze graag ergens anders naartoe willen.

→ ....

b. Naar wat voor soort vakantieaccommodatie gaat zijn voorkeur uit?

→ ....

c. Ze willen graag inlichtingen over een fietsvakantie voor in de maand maart.

→ ....

d. Een leuke plek op een camping? Ja, dat lijkt haar wel wat.

→ ....

🔊 4. ÉCOUTEZ LES PHRASES. QUE SIGNIFIENT-ELLES ?

28

a. ....

b. ....

c. ....

d. ....

e. ....

27. LA BANQUE EN LIGNE

DE INTERNETBANK

OBJECTIFS

- DEMANDER CE QUI SE PASSE ET Y RÉPONDRE
- EXPRIMER SON (DÉS)ACCORD
- RELATER DES FAITS DU PASSÉ
- CONNAÎTRE QUELQUES TERMES SPÉCIFIQUES À LA GESTION D'UN COMPTE BANCAIRE

NOTIONS

- LEXIQUE DE L'ARGENT AU QUOTIDIEN
- LES QUANTITÉS ET LES MESURES
- LE PRÉTÉRIT DES VERBES *HEBBEN* AVOIR ET *ZIJN* ÊTRE
- LA FORMATION DU PARTICIPE PASSÉ : VERBES RÉGULIERS

FAIRE DU SHOPPING EN LIGNE ?

Ina : Que se passe-t-il ?

Fred : Mon compte en banque est bloqué !

Ina : Oh, comment c'est arrivé ?

Fred : J'ai voulu faire du shopping en ligne hier, mais je n'avais pas encore de compte [d'utilisateur]. Lorsque j'ai voulu en créer un auprès d'une banque en ligne, il fallait trouver un nom d'utilisateur et un mot de passe et indiquer quand je suis né. Quand j'avais fait cela, j'ai reçu par sms un code, que je devais saisir.

Ina : C'est plus sûr, donc cela me semble logique.

Fred : Là-dessus, je ne suis pas d'accord ! Pourquoi veulent-ils savoir toutes ces choses ? Bon, bref, après avoir fait cela, je pouvais enfin me connecter. Mais lorsque j'ai voulu faire mon shopping en ligne et que j'avais à nouveau besoin d'un code, j'ai tapé trois fois un code erroné.

Ina : Ben, après la troisième fois, tout se bloque évidemment !

Fred : Eh ben, comment peux-tu savoir cela ?

ONLINE SHOPPEN?

Ina: Wat is er aan de hand?

Fred: Mijn bankrekening is geblokkeerd!

Ina: O, hoe is dat gebeurd?

Fred: Ik wilde gisteren online gaan shoppen, maar ik had nog geen account. Toen ik er één wilde aanmaken bij een internetbank, moest ik een gebruikersnaam en wachtwoord bedenken en aangeven wanneer ik ben geboren. Toen ik dat had gedaan, ontving ik per sms een code, die ik moest invoeren.

Ina: Dat is veiliger, dus dat lijkt me logisch.

Fred: Daar ben ik het niet mee eens! Waarom willen ze al die dingen weten? Afijn, nadat ik dat had gedaan, kon ik eindelijk inloggen. Maar toen ik online wilde gaan shoppen en opnieuw een code nodig had, heb ik drie keer een foute code ingetypt.

Ina: Tja, na de derde keer wordt natuurlijk alles geblokkeerd!

Fred: Hoe kan jij dat nou weten?

COMPRENDRE LE DIALOGUE
QUELQUES FORMULES ET EXPRESSIONS

→ **Wat is er aan de hand?** *Que se passe-t-il ?* litt. « que est il à la main » est une expression courante.

→ **(…) ik had nog geen account** *(…) je n'avais pas encore de compte*. Notez que **het account** *le compte [d'utilisateur]* est un mot anglais.

→ **Toen ik er één wilde aanmaken (…)** *Lorsque j'ai voulu en créer un (…)*. La forme **wilde** *voulais, voulait* est le prétérit du verbe **willen** *vouloir*.

→ **(…) ik ben geboren** *(…) je suis né*. Le verbe *naître* se traduit **geboren worden**.

→ **Toen ik dat had gedaan, ontving ik een code, die ik moest invoeren** *Quand j'avais fait cela, j'ai reçu un code, que je devais saisir*. La forme **gedaan** *fait* est le participe passé de **doen** *faire*. La forme **ontving** *recevais, recevait* est le prétérit de **ontvangen** *recevoir* et **moest** *devais, devait* de **moeten** *devoir*.

→ **Daar ben ik het niet mee eens!** *Là-dessus, je ne suis pas d'accord !* litt. « là-dessus suis-je il pas avec d'accord ». On aurait pu dire : **Dat ben ik niet met je eens** *Je ne suis pas d'accord avec toi*.

→ **(…) nadat ik dat had gedaan, kon ik (…) inloggen** *(…) après avoir fait cela, je pouvais (…) me connecter* litt. « après que je cela avais fait, pouvais je connecter ». Après la conjonction **nadat** *après que*, on utilise toujours le plus-que-parfait. La forme **kon** *pouvais, pouvait* est le prétérit singulier de **kunnen** *pouvoir*. Notez que **inloggen** *(se) connecter* est un dérivé du verbe anglais **to log in**. C'est également le cas de **intypen** *taper*, du verbe anglais **to type**.

→ **(…) wordt (…) alles geblokkeerd** *(…) tout se bloque (…)* litt. « devient tout bloqué ».

SPÉCIFICITÉS NÉERLANDAISES

Les Néerlandais utilisent très fréquemment Internet pour *gérer leurs comptes en ligne* **internetbankieren**, notamment pour effectuer des actions quotidiennes courantes, comme vérifier le solde de leur compte, faire des virements ou faire des achats en ligne. Les banques néerlandaises ont l'habitude d'investir dans des moyens et des applications afin que leurs clients puissent se connecter de façon sécurisée.

LEXIQUE DE L'ARGENT AU QUOTIDIEN

Les mots suivants peuvent être utiles : **het biljet** *le billet (de banque)*, **de munt** *la pièce (de monnaie)*, **de cent** *le centime*, **contant betalen** *payer argent comptant*, **overmaken** *virer de l'argent*, **de pincode** *le code PIN*, **de bankpas** *la carte bancaire*, **de spaarrekening** *le compte d'épargne*, **geld opnemen** *retirer de l'argent*,

het saldo inzien *voir le solde de son compte*, **rekeningen betalen** *payer ses factures*, **de kosten** *les frais*, **uitgeven** *dépenser*, **(be)sparen** *faire des économies*.

◆ GRAMMAIRE
LES QUANTITÉS ET LES MESURES

Il est important de faire la différence entre les quantités dénombrables et indénombrables. Les noms dénombrables sont des noms que l'on peut énumérer et mettre au pluriel : **een dorp** *un village* → **twee dorpen** *deux villages*.

Les noms indénombrables sont des noms que l'on ne peut pas énumérer, car ils forment un tout : **het water** *l'eau*, **het bier** *la bière*. On les utilise avec un complément ou une unité de mesure : **een fles water** *une bouteille d'eau*, **een liter melk** *un litre de lait*. Pour les mettre au pluriel on se sert souvent du diminutif : **twee ijsjes** *deux glaces*.

En néerlandais, le complément de nom indiquant une quantité ou une mesure est en règle générale formé sans préposition :
de maand mei *le mois de mai* ; **een kilo peren** *un kilo de poires* ; **40 graden koorts** *40 degrés de fièvre* ; **de bos bloemen** *le bouquet de fleurs*.

Les unités de monnaies, de mesures (sauf **graad** *degré*), les mesures de temps **uur** *heure* et **jaar** *année* et les noms **de keer/de maal** *la fois* sont invariables quand ils sont précédés d'un nombre, de **hoeveel** *combien* ou de **een paar** *quelques* :
zes cent *six centimes* ; **twee meter/gram** *deux mètres/grammes* ; **vijf uur/jaar** *cinq heures/ans* ; **drie keer/maal** *trois fois* ; **hoeveel euro?** *combien d'euros ?* ; **een paar keer/maal** *quelques fois*.

▲ CONJUGAISON
LE PRÉTÉRIT DES VERBES *HEBBEN* AVOIR ET *ZIJN* ÊTRE

Le prétérit de **hebben** *avoir* est très simple car il n'y a qu'une seule forme au singulier et une au pluriel : **had** *avais*, *avait* / **hadden** *avions*, *aviez*, *avaient*.
C'est la même chose pour **zijn** *être* : **was** *étais*, *était* / **waren** *étions*, *étiez*, *étaient*.

LA FORMATION DU PARTICIPE PASSÉ : VERBES RÉGULIERS

Le participe passé se forme en plaçant le préfixe **ge-** devant le radical et en ajoutant la terminaison **-t** ou **-d**. Pour choisir la bonne terminaison, on regarde quelle lettre se trouve juste devant la terminaison **-en** de l'infinitif. Si c'est un **-t**, **-k**, **-f**, **-s**, **-ch** ou **-p**,

on ajoute la terminaison **-t**. Si le radical se termine déjà par un **-t**, on n'ajoute pas de **-t** supplémentaire. Pour vous rappeler de ces consonnes, pensez à la phrase « **K**ung **F**u **p**rend **s**on **t**hé **ch**aud » :
fietsen *faire du vélo* → **ge** + radical **fiets** + **t** = **gefietst/brunchen** *déjeuner* → **ge** + radical **brunch** = **gebruncht**.

Si cette lettre n'est pas un **-t**, **-k**, **-f**, **-s**, **-ch** ou **-p**, on ajoute la terminaison **-d** :
dineren *dîner* → **ge** + radical **diner*** + **d** = **gedineerd**.
* N'oubliez pas de doubler la voyelle si elle est longue.

Pour les verbes commençant par les préfixes **be-**, **ge-**, **(h)er-**, **ont-** et **ver-**, on n'ajoute pas de **ge-** :
betalen *payer* → radical **betal** + **d** = **betaald**.

Si la dernière lettre du radical est un **v** ou un **z**, la terminaison du participe passé est un **-d**. Souvenez-vous que le **v** se transforme en **f** à la fin d'un mot, et le **z** en **s**.
geloven *croire* → **ge** + radical **lov** + **d** = **geloofd**.

Pour le participe passé d'un verbe à particule séparable, le préfixe **ge-** se place toujours entre la particule et la partie verbale :
intypen *taper* → particule **in** + **ge** + radical **typ** + **t** = **ingetypt**.

● EXERCICES

1. DANS UN PREMIER TEMPS, INDIQUEZ SI LE NOM EST DÉNOMBRABLE OU INDÉNOMBRABLE. ENSUITE, TRADUISEZ LES ÉNONCÉS.

a. bier ❏ dénombrable ❏ indénombrable
 een liter bier → ....
 een paar biertjes → ....

b. cent ❏ dénombrable ❏ indénombrable
 drie cent → ....
 hoeveel cent? → ....

c. graad ❏ dénombrable ❏ indénombrable
 37 graden koorts → ....
 een paar graden → ....

d. keer ❏ dénombrable ❏ indénombrable
 zes keer → ....
 de zesde keer → ....

● VOCABULAIRE

online shoppen *faire du shopping en ligne*
wat is er aan de hand? *que se passe-t-il ?*
de bankrekening *le compte en banque*
blokkeren *bloquer*
gebeuren *arriver, se passer*
gisteren *hier*
het/de account *le compte d'utilisateur*
aanmaken *créer*
bij *auprès de*
de internetbank *la banque en ligne*
de gebruikersnaam *le nom d'utilisateur*
het wachtwoord *le mot de passe*
bedenken *trouver, imaginer, inventer*
aangeven *indiquer*
geboren *né/e*
ontvangen *recevoir*
de sms *le SMS*
de code *le code*
invoeren *saisir*
veilig *sûr/e, en sécurité*
lijken *sembler*
logisch *logique*
het ding *la chose, le truc*
nadat *après que*
inloggen *se connecter*
opnieuw *à nouveau*
fout *faux/-sse, erroné/e*
intypen *taper*
natuurlijk *évidemment*
het biljet *le billet (de banque)*
de munt *la pièce (de monnaie)*
de cent *le centime*
contant betalen *payer en argent comptant*
overmaken *virer de l'argent, faire un virement*
de pincode *le code PIN*
de bankpas *la carte bancaire*
de spaarrekening *le compte d'épargne*
geld opnemen *retirer de l'argent*
het saldo *le solde, le reliquat de compte*
inzien *voir*
rekeningen betalen *payer ses factures*
de rekening *la facture*
de kosten *les frais*
uitgeven *dépenser*
(be)sparen *faire des économies*
internetbankieren *gérer les comptes en ligne*
de fles *la bouteille*
de liter *le litre*
de melk *le lait*
de meter *le mètre*
daarom *c'est pourquoi*

e. uur ❑ dénombrable ❑ indénombrable
   een paar uur → ....
   vijf uur → ....

f. wijn ❑ dénombrable ❑ indénombrable
   een glas wijn → ....
   twee wijntjes → ....

2. COMPLÉTEZ LES PHRASES SUIVANTES AVEC LE PARTICIPE PASSÉ DU VERBE DONNÉ ENTRE PARENTHÈSES :

a. Ze heeft een foute code .... (gebruiken) en daarom (*c'est pourquoi*) is haar spaarrekening .... (blokkeren).

b. Hij heeft gisteren eerst een account .... (aanmaken) en daarna een code .... (invoeren).

c. Ze hebben haar .... (feliciteren) met haar verjaardag.

d. Ik heb op een leuke vacature .... (solliciteren).

e. Heb je veel geld .... (verdienen)?

f. Ze zijn al zes keer .... (verhuizen)!

3. METTEZ LES ÉLÉMENTS DANS LE BON ORDRE POUR FORMER UNE PHRASE CORRECTE. COMMENCEZ PAR LE MOT COMMENÇANT PAR UNE MAJUSCULE.

a. Na / wordt / de / alles / keer / geblokkeerd / derde → ....

b. Waarom / geld / je / op / zoveel / neem → ....?

c. Daar / niet / eens / ben / het / mee / ik → ....!

d. Ik / goed / bedenken / kon / wachtwoord / geen → ....

e. In / mei / niets / de / ik / maand / uitgegeven / heb → ....

4. ÉCOUTEZ L'ENREGISTREMENT PUIS ÉCRIVEZ LES PHRASES QUE VOUS VENEZ D'ENTENDRE. LISEZ-LES ENSUITE CHACUNE À HAUTE VOIX PUIS RÉÉCOUTEZ L'ENREGISTREMENT.

a. ....? d. ....?

b. .... e. ....?

c. .... f. ....

28.
LE DÉMÉNAGEMENT

DE VERHUIZING

OBJECTIFS	NOTIONS
• SAVOIR DÉSIGNER L'EMPLACEMENT DES OBJETS DANS L'ESPACE • CONNAÎTRE QUELQUES MOTS UTILES POUR LE DÉMÉNAGEMENT • EXPRIMER SA SATISFACTION	• LEXIQUE DU DÉMÉNAGEMENT, DES MEUBLES, DE L'ÉLECTROMÉNAGER ET DE LA VAISSELLE • LE CONTENU ET LE CONTENANT • LE PLURIEL DES NOMS SE TERMINANT PAR -*IE* ET -*EE* • LA NÉGATION AVEC *MEER* PLUS • LES VERBES CAUSATIFS

UN NOUVEAU LIEU DE VIE

Max : Chargeons d'abord les meubles lourds, pour déjà les amener (rouler) au nouveau logement !

Sophie : Tu as toujours des idées brillantes ! Chris pourra alors mettre vite fait les ustensils (affaires) de cuisine dans [les] cartons.

Max : Veux-tu emmener les deux téléviseurs ?

Sophie : Non, celui d'en haut va chez les voisins.

Deux heures plus tard

Max : Tout est vide ! [C'est] formidable, on avance bien vite !

Dans le nouveau logement

Sophie : Le réfrigérateur va dans ce coin contre le mur et le lave-vaisselle (y) à côté, sous la fenêtre !

Max : Nous avons presque terminé ! Qui veut du café avec un gâteau ?

Sophie : D'abord un verre de limonade !

Max : Je ne trouve nulle part les verres à limonade et les tasses à café.

Sophie : Ils sont dans le couloir. As-tu mis les fourchettes à gâteau dans le tiroir ?

Max : Hum, je ne les trouve pas non plus… mais voici une bouture pour notre nouveau lieu de vie !

EEN NIEUWE STEK

Max: Laten we eerst de zware meubels inladen en vast naar de nieuwe woning rijden!

Sophie: Wat heb jij toch altijd briljante ideeën! Dan kan Chris de keukenspulletjes nog gauw in dozen stoppen.

Max: Wil je de twee televisies meenemen?

Sophie: Nee, die van boven gaat naar de buren.

Twee uur later

Max: Alles is leeg! Geweldig, het gaat lekker vlug!

In de nieuwe woning

Sophie: De koelkast kan in die hoek tegen de muur gezet en de afwasmachine ernaast, onder het raam!

Max: We zijn bijna klaar! Wie wil er koffie met gebak?

Sophie: Eerst een glas limonade!

Max: Ik kan de limonadeglazen en koffiekopjes nergens meer vinden.

Sophie: Die staan in de gang. Heb je de gebakvorkjes in de la gelegd?

Max: Eh, die kan ik ook niet meer vinden… maar hier heb je een stekje voor onze nieuwe stek!

■ COMPRENDRE LE DIALOGUE
QUELQUES FORMULES ET EXPRESSIONS

- → **Een nieuwe stek** *Un nouveau lieu de vie*. Le mot **de stek** signifie *un endroit, un coin préféré, un lieu de vie*, mais également *une bouture*, souvent utilisé en tant que diminutif **het stekje**.
- → **Dan kan Chris de keukenspulletjes nog gauw in dozen stoppen** *Chris pourra alors mettre vite fait les ustensiles de cuisine dans (les) cartons* litt. « alors peut Chris les cuisine petites affaires encore rapidement dans cartons mettre ».
- → **De koelkast kan (…) tegen de muur gezet (…)** *Le réfrigérateur va (…) contre le mur (…)* litt. « le frais armoire peut (…) contre le mur posé debout ».
- → **We zijn bijna klaar!** *Nous avons presque terminé !* litt. « nous sommes presque prêts ».
- → **Wie wil er koffie met gebak?** *Qui veut du café avec un gâteau ?* L'adverbe pronominal **er** *y*, **en** est requis lorsque le sujet est indéfini.
- → **Heb je de gebakvorkjes in de la gelegd?** *As-tu mis les fourchettes à gâteau dans le tiroir ?* litt. « as-tu les gâteau petites fourchettes dans le tiroir posé couché ».

QUELQUES MOTS UTILES POUR UN DÉMÉNAGEMENT

Voici quelques mots courants qui peuvent vous être utiles : **de verhuiswagen** *le camion de déménagement*, **boven** *en haut*, **beneden** *en bas*, **omhoog** *vers le haut*, **omlaag** *vers le bas*, **leeg** *vide*, **vol** *plein*, **de trap** *l'escalier/l'échelle*, **het trapje** *l'escabeau*, **het dak** *le toit*, **de zolder** *le grenier*, **de kelder** *la cave*.

LEXIQUE DES MEUBLES, DE L'ÉLECTROMÉNAGER ET DE LA VAISSELLE

Quelques mots fréquents dans ce domaine :
de kast *le placard/l'armoire*, **de stoel** *la chaise*, **de radio** *la radio*, **de klok** *l'horloge*, **de diepvriezer** *le congélateur*, **de oven** *le four*, **de wasmachine** *le lave-linge*, **het bord** *l'assiette*, **de schotel** *la soucoupe*, **het mes** *le couteau*, **de vork** *la fourchette*, **de lepel** *la cuillère*.

SPÉCIFICITÉS NÉERLANDAISES

Les maisons anciennes au bord des canaux **grachtenpand** (*maison au bord d'un canal*) et les *entrepôts* **pakhuizen** sont très étroits, hauts et profonds. Les pignons des façades sont équipés d'un palan ou d'une installation de levage, car les escaliers *étroits* **smal** et *raides* **steil** ne permettent pas de faire passer des grands meubles ou des marchandises. L'installation de ce type de crochets sur les façades a certes diminué mais n'a pas entièrement disparu. N'hésitez donc pas à lever les yeux, en vous promenant à Amsterdam par exemple, ce qui vous permettra d'admirer en même temps les différentes sortes de façades.

◆ GRAMMAIRE
LE CONTENU ET LE CONTENANT

La différence entre **een glas limonade** *un verre de limonade* et **een limonadeglas** *un verre à limonade* repose sur le fait qu'il s'agisse du contenu et du contenant. Le contenant est exprimé sous forme de mot composé avec l'accent tonique sur la première partie : <u>kof</u>fiekop *tasse à café*, <u>soep</u>kom *bol pour la soupe*, luciferdoos *boîte d'allumettes*.

LE PLURIEL DES NOMS SE TERMINANT PAR *-IE* ET *-EE*

- Pour former le pluriel des noms qui se terminent par **ie**,
→ il convient d'ajouter **ën** aux mots, dont l'accent tonique tombe sur la dernière ou l'unique syllable :
  de <u>ko</u>pie *la copie* → **de kopieën** *les copies* ; **de <u>knie</u>** *le genou* → **de knieën** *les genoux* ;
→ pour les mots dont l'accent tonique ne se trouve pas à la fin, le pluriel se forme en mettant un tréma sur le **e** existant et d'y ajouter un **n** :
  de bac<u>te</u>rie *la bactérie* → **de bacteriën** *les bactéries* ; **de <u>po</u>rie** *le pore* → **de poriën** *les pores* ;
→ certains mots se terminant par **ie** prennent un **s** au pluriel, peu importe l'accent tonique. Il faudra les apprendre par cœur, par exemple :
  de balie *le guichet* → **de balies** *les guichets* ; **de familie** *la famille* → **de families** *les familles*.

- Pour former le pluriel des noms qui se terminent par **ee**,
→ il convient d'ajouter **ën** :
  het idee *l'idée* → **de ideeën** *les idées* ; **de zee** *la mer* → **de zeeën** *les mers*.

LA NÉGATION AVEC *MEER* PLUS

Dans le module 16, vous avez vu la négation **geen … meer** *ne… plus*, qui s'utilise avec un nom indéfini. Lorsque le nom est défini, on utilise **niet … meer** *ne… plus*.

Vous pouvez également combiner **meer** *plus* avec **nooit** *ne jamais* : **nooit meer** *ne plus jamais* ou **nergens** *en aucun lieu, nulle part* : **nergens meer** *nulle part* litt. « nulle part plus ».

▲ CONJUGAISON
LES VERBES CAUSATIFS

Aux verbes de position **staan** *être debout*, **liggen** *être couché*, **hangen** *être accroché* et **zitten** *être assis* correspondent les causatifs **(neer)zetten** *poser (debout)*, **(neer)leggen** *poser (couché)*, **(op)hangen** *accrocher* et **doen/stoppen (in)** *mettre (dans)*. Ces derniers s'emploient quand on ne connaît pas la position finale de l'objet déplacé.
De tafel staat tegen de muur *La table se trouve contre le mur* → **Ik zet de tafel tegen de muur** *Je pose (debout) la table contre le mur.*
Het mes ligt in de la *Le couteau se trouve dans le tiroir* → **Ik leg het mes in de la** *Je pose (couché) le couteau dans le tiroir.*
De lamp hangt aan de muur *La lampe est suspendue au mur* → **Ik hang de lamp aan de muur** *J'accroche la lampe au mur.*
De short zit in de wasmachine *Le short se trouve dans le lave-linge* → **Ik doe/stop de short in de wasmachine** *Je mets le short dans le lave-linge.*

Les particules **neer-** et **op-** sont obligatoires lorsque le complément de lieu est absent :
Ik zet het glas neer *Je pose le verre* ; **Ik hang de lamp op** *J'accroche la lampe.*

● EXERCICES

1. COMPLÉTEZ LES PHRASES À L'AIDE DU BON VERBE CAUSATIF.

a. Ze .... het bureau in de woonkamer. (2 possibilités)

b. Hebben jullie de fietsen voor het huis ....?

c. Hij .... het dossier op de grond.

d. Kun je de lamp aan de muur ....?

e. Ze .... het geld in haar portemonnee (*porte-monnaie*). (2 possibilités)

VOCABULAIRE

de verhuizing *le déménagement*
de stek *l'endroit, le coin préféré*
het stekje *la bouture*
zwaar *lourd/e*
het meubel *le meuble*
inladen *charger*
rijden *rouler*
briljant *brillant/e*
de keukenspulletjes *les ustensiles de cuisine*
nog *encore*
gauw *vite*
de doos *le carton*
stoppen/doen (in) *mettre (dans)*
meenemen *emmener, amener, apporter*
boven *en haut*
de buur *le voisin*
leeg *vide*
geweldig *formidable*
vlug *rapide, vite*
de koelkast *le réfrigérateur*
de hoek *le coin, l'angle*
tegen *contre*
(neer)zetten *poser (debout)*
de afwasmachine *le lave-vaisselle*
het raam *la fenêtre*
klaar *prêt/e*
klaar zijn *avoir terminé*
het gebak *le gâteau, la pâtisserie*
de limonade *la limonade*
het pakhuis *l'entrepôt*
smal *étroit/e*
steil *raide*
(op)hangen *accrocher*
de soepkom *le bol pour la soupe*
de luciferdoos *la boîte d'allumettes*
de kopie *la copie*
nergens (meer) *nulle part*
de gang *le couloir*
de gebakvork *la fourchette à gâteau*
de vork *la fourchette*
de la *le tiroir*
(neer)leggen *poser (couché)*
de verhuiswagen *le camion de déménagement*
beneden *en bas*
omhoog *vers le haut*
omlaag *vers le bas*
vol *plein/e*
de trap *l'escalier, l'échelle*
het trapje *l'escabeau*
het dak *le toit*
de zolder *le grenier*
de kelder *la cave*
de kast *le placard, l'armoire*
de stoel *la chaise*
de radio *la radio*
de klok *l'horloge*
de diepvriezer *le congélateur*
de oven *le four*
de wasmachine *le lave-linge*
het bord *l'assiette*
de schotel *la soucoupe*
het mes *le couteau*
de lepel *la cuillère*
het grachtenpand *la maison au bord d'un canal*
de knie *le genou*
de bacterie *la bactérie*
de porie *le pore*
de balie *le guichet*
nergens (meer) *en aucun lieu, nulle part*
de portemonnee *le porte-monnaie*

2. RELIEZ LE CONTENANT AVEC SON CONTENU, PUIS TRADUISEZ.

a. een theekop
b. de soepkom
c. het luciferdoosje
d. twee wijnglazen

1. twee glazen wijn
2. een kop thee
3. de kom soep
4. het doosje lucifers

→ ....
→ ....
→ ....
→ ....

3. METTEZ LES NOMS SUIVANTS AU PLURIEL PUIS ÉCOUTEZ L'ENREGISTREMENT. RÉPÉTEZ ENSUITE CHAQUE MOT AU SINGULIER ET AU PLURIEL.

a. het idee → ....
b. de familie → ....
c. de bacterie → ....
d. de zee → ....
e. de kopie → ....
f. de epidemie → ....
g. de televisie → ....
h. de balie → ....
i. de advertentie → ....

4. ÉCOUTEZ L'ENREGISTREMENT ET INSCRIVEZ LES PHRASES.

a. .... !
b. .... ?
c. .... ?
d. ....
e. ....
f. .... ! .... ! ....

29. EN VACANCES

OP VAKANTIE

OBJECTIFS

- PARLER DE SES VACANCES
- PARLER DE LA MÉTÉO ET DES SAISONS
- DÉCRIRE UN ITINÉRAIRE

NOTIONS

- LEXIQUE DE LA MÉTÉO ET DES SAISONS
- LE PRÉTÉRIT DES VERBES RÉGULIERS
- LE PASSÉ COMPOSÉ DES VERBES DE MOUVEMENT : L'AUXILIAIRE *HEBBEN* AVOIR OU *ZIJN* ÊTRE

EN VACANCES

Berend: J'ai fait (eu) un rêve étrange ! C'était l'été et il faisait mauvais et j'ai décidé de partir en vacances. J'ai pris le train pour aller à l'aéroport. À cause d'un vent fort, des branches étaient tombées sur les rails et nous ne pouvions continuer. Je voulais prendre une correspondance mais soudain, je me retrouvais assis dans le bus. Le chauffeur de bus a fait un détour : nous sommes allés via Apeldoorn à Schiphol ! J'avais perdu mon passeport, mais une gentille hôtesse de l'air m'a quand même indiqué une place assise. Lorsque l'avion a atterri (une fois atterri), j'ai pris un taxi pour aller à un hôtel cinq étoiles. Là-bas, un serveur m'a préparé un apéritif et un hareng. Puis, je me suis retrouvé (marchais) d'un seul coup dans un supermarché à la recherche de bière et…

Paulien: Puis, ton réveil a sonné et tu avais terriblement soif !

OP VAKANTIE

<u>Berend</u>: Ik heb een vreemde droom gehad! Het was zomer en slecht weer en ik besloot om op vakantie te gaan. Ik nam de trein naar het vliegveld. Vanwege de harde wind waren er takken op de rails gevallen en konden we niet verder rijden. Ik wilde overstappen maar toen zat ik opeens in een bus. De buschauffeur maakte een omweg: we zijn via Apeldoorn naar Schiphol gereden! Ik was m'n paspoort kwijt, maar een vriendelijke stewardess wees me toch een zitplaats aan. Eenmaal geland, nam ik een taxi naar een vijfsterrenhotel. Daar zette een ober een borreltje en een haring voor me klaar. Toen liep ik ineens in een supermarkt op zoek naar bier en …

<u>Paulien</u>: Toen liep je wekker af en je had vreselijke dorst!

COMPRENDRE LE DIALOGUE
QUELQUES FORMULES ET EXPRESSIONS

→ *(…)* **ik besloot om op vakantie te gaan** *(…) j'ai décidé de partir en vacances.* La forme **besloot** *décidais, décidait* est le prétérit de **besluiten** *décider*. Nous revenons sur les verbes irréguliers dans l'annexe à la fin de cet ouvrage (p. 282). *Partir en vacances* se dit **op/met vakantie gaan**. Retenez aussi **Prettige vakantie!** *Bonnes vacances !*

→ **Ik nam de trein** *(…) J'ai pris le train (…)* litt. « je prenais le train » : **nam** *prenais, prenait* est le prétérit de **nemen** *prendre*.

→ *(…)* **konden we niet verder rijden** *(…) nous ne pouvions continuer* litt. « pouvions nous ne pas plus loin rouler ». La forme **konden** *pouvions, pouviez, pouvaient* est le prétérit pluriel de **kunnen** *pouvoir*.

→ *(…)* **zat ik** *(…) (…) j'étais assis (…).* La forme **zat** *étais, était assis* est le prétérit de **zitten** *être assis*.

→ **we zijn** *(…)* **naar Schiphol gereden** *nous sommes allés (…) à Schiphol* litt. « nous sommes vers Schiphol roulé ». La forme **gereden** *roulé* est le participe passé de **rijden** *rouler*.

→ *(…)* **wees me** *(…)* **aan** *(…) m'a quand même indiqué (…)* : le verbe est **aanwijzen** *indiquer, montrer* au prétérit.

→ *(…)* **liep ik** *(…) (…) je me suis retrouvé (…)* : **liep** *marchais, marchait* est le prétérit de **lopen** *marcher*.

→ *(…)* **liep je wekker af** *(…) (…) ton réveil a sonné (…)* litt. « sonnait ton réveil ». Avez-vous reconnu le verbe **aflopen** *sonner* ?

LEXIQUE DE LA MÉTÉO ET DES SAISONS

Lorsqu'on part en vacances, le temps qu'il fera nous préoccupe tout particulièrement. Voici quelques mots spécifiques à la météo et aux saisons : **het seizoen** *la saison*, **de lucht** *le ciel*, **de zon** *le soleil*, **de regen** *la pluie*, **de wolk** *le nuage*, **de bui** *l'averse*, **de paraplu** *le parapluie*, **droog** *sec*, **nat** *humide*, **waaien** *souffler* (vent), **schijnen** *briller*, **voorspellen** *annoncer/prédire*, **het is licht/donker** *il fait jour/nuit*, **de lente** *le printemps*, **de zomer** *l'été*, **de herfst** *l'automne*, **de winter** *l'hiver*.

SPÉCIFICITÉS NÉERLANDAISES

Les Néerlandais apprécient *l'heure de l'apéritif* **de borreltijd**. En fait, **de borrel** *l'apéritif* est un petit verre d'alcool, dont **de jenever** *le genièvre* est un des plus connus. C'est un alcool fort, fabriqué avec des grains et des baies de genièvre.

La pêche au hareng a joué un rôle important aux Pays-Bas. À la fin du XVIe siècle, les Néerlandais commencèrent à *encaquer les harengs* **haring kaken**, ce qui consiste à les vider et à les saler pour pouvoir les conserver plus longtemps. Par la suite, l'utilisation de bateaux plus grands rendait possible ce traitement directement à bord. Les Néerlandais sont encore, de nos jours, de grands amateurs de hareng, surtout à partir du mois de mai jusqu'au mois de juillet lorsque le hareng atteint un pourcentage de graisse plus élevé. Il est alors appelé **Hollandse Nieuwe** *hareng nouveau*.

▲ CONJUGAISON
LE PRÉTÉRIT DES VERBES RÉGULIERS

Le prétérit des verbes réguliers ne connaît que deux formes : une pour le singulier et une pour le pluriel.

Comme pour la formation du participe passé, le choix de la terminaison est déterminé par la dernière lettre du radical.

Si c'est un **-t**, **-k**, **-f**, **-s**, **-ch** ou **-p***, on ajoute la terminaison **-te** pour le singulier et **-ten** pour le pluriel. Si le radical se termine par un **-t**, on double le **-t**.

* Pour vous rappeler de ces consonnes, pensez à la phrase « **K**ung **F**u **p**rend **s**on **t**hé **ch**aud ».

maken → **mak**** + **te/ten** = **maakte/maakten** *faisais*, *faisait/faisions*, *faisiez*, *faisaient*

praten → **prat**** + **te / ten** = **praatte/praatten** *parlais*, *parlait/parlions*, *parliez*, *parlaient*

** N'oubliez pas de doubler la voyelle si elle est longue.

Si cette lettre n'est pas un **-t**, **-k**, **-f**, **-s**, **-ch** ou **-p**, on ajoute la terminaison **-de** pour le singulier et **-den** pour le pluriel. Si le radical se termine par un **-d**, on double le **-d**.

dineren → **diner** + **de/den** = **dineerde/dineerden** *dînais*, *dînait/dînions*, *dîniez*, *dînaient*

raden → **rad** + **de / den** = **raadde/raadden** *devinais*, *devinait/devinions*, *deviniez*, *devinaient*

Le prétérit des verbes dont la dernière lettre du radical est un **v** ou un **z** se forme avec **-de/-den**. Souvenez-vous que le **v** se transforme en **f** à la fin d'un mot, et le **z** en **s**.

geloven → **gelov** + **de/den** = **geloofde/geloofden** *croyais*, *croyait/croyions*, *croyiez*, *croyaient*

reizen → **reiz** + **de/den** = **reisde/reisden** *voyagais, voyageait/voyagions, voyagiez, voyageaient*

En ce qui concerne les verbes à particule séparable, au prétérit, la particule se détache et se met à la fin de la proposition principale :
terugbellen *rappeler* → **Ik belde mijn broer meteen terug** *Je rappelais mon frère tout de suite.*
klaarzetten *préparer* → **Hij zette een glas wijn voor me klaar** *Il me préparait un verre de vin.*

LE PASSÉ COMPOSÉ DES VERBES DE MOUVEMENT : L'AUXILIAIRE *HEBBEN* AVOIR OU *ZIJN* ÊTRE

Le passé composé d'un verbe de mouvement se forme avec l'auxiliaire **hebben** *avoir*, si l'accent est mis sur la façon de se mouvoir :
We hebben in Spanje gefietst *Nous avons fait du vélo en Espagne.*

En revanche, l'auxiliaire **zijn** *être* est requis dès que l'on indique un changement de lieu et qu'on exprime la destination. En français, on utilise la plupart du temps le verbe « aller » :
We zijn naar Spanje gefietst *Nous sommes allés (vers) en Espagne à vélo.*

● EXERCICES

1. RELIEZ CHAQUE TERME À LA SUITE QUI LUI CORRESPOND.

a. de regen • • 1. schijnen
b. de jenever • • 2. de bui
c. de zon • • 3. voorspellen
d. het weer • • 4. de borrel

2. CONJUGUEZ LES VERBES SUIVANTS AU PRÉTÉRIT SINGULIER ET PLURIEL :

a. maken → ....
b. landen → ....
c. zetten → ....
d. leggen → ....

e. fietsen → ....
f. verwennen → ....
g. passen → ....
h. bespelen → ....

● VOCABULAIRE

op/met vakantie *en vacances*
vreemd *étrange*
de droom *le rêve*
de zomer *l'été*
slecht *mauvais/e*
besluiten (te) *décider (de)*
het vliegveld *l'aéroport*
vanwege *à cause de*
hard *fort/e*
de wind *le vent*
de tak *la branche*
de rail *le rail*
vallen *tomber*
overstappen *prendre la correspondance*
opeens *soudainement, d'un seul coup*
de buschauffeur *le chauffeur de bus*
de chauffeur *le chauffeur*
de omweg *le détour*
via *via*
het paspoort *le passeport*
kwijt (zijn) *(avoir) perdu*
vriendelijk *gentil/le*
de stewardess *l'hôtesse de l'air*
aanwijzen *indiquer, montrer*
de zitplaats *la place assise*
eenmaal *une fois*
landen *atterrir*
de taxi *le taxi*
de ster *l'étoile*
klaarzetten *préparer, disposer*
de ober *le serveur*
de borrel *l'apéritif*
toen *puis*
ineens *soudainement, d'un seul coup*
de supermarkt *le supermarché*
aflopen *sonner*
vreselijk *terrible, terriblement*
prettige vakantie! *bonnes vacances !*
het seizoen *la saison*
de lucht *le ciel*
de zon *le soleil*
de regen *la pluie*
de wolk *le nuage*
de bui *l'averse*
de paraplu *le parapluie*
droog *sec/-èche*
nat *humide*
waaien *souffler* (vent)
schijnen *briller*
voorspellen *annoncer/prédire*
het is licht/donker *il fait jour/nuit*
het licht *la lumière*
het donker *la nuit, le noir, l'obscurité*
de lente *le printemps*
de herfst *l'automne*
de winter *l'hiver*
de borreltijd *l'heure de l'apéritif*
de jenever *le genièvre*
haring kaken *encaquer les harengs*
de Hollandse Nieuwe *le hareng nouveau*
de kilometer *le kilomètre*

3. CONJUGUEZ LES PHRASES SUIVANTES AU PASSÉ COMPOSÉ :

a. Ze belt haar zus meteen terug.

→ ....

b. Zet je een glas limonade voor hem klaar?

→ ....

c. Ze rijden naar het strand.

→ ....

d. Hij fietst tien kilometer (*kilomètres*) op het eiland.

→ ....

4. ÉCOUTEZ L'ENREGISTREMENT ET COCHEZ *WAAR* / *NIET WAAR* SELON LE CAS. LISEZ ENSUITE CHAQUE PHRASE À HAUTE VOIX PUIS RÉÉCOUTEZ L'ENREGISTREMENT.

31

	WAAR	NIET WAAR
a. Toen liepen we opeens op de markt.		
b. Ze moest drie keer overstappen.		
c. De stewardess wees me geen zitplaats aan.		
d. Vanwege de harde regen waren er takken op de rails gevallen.		
e. De taxichauffeur maakte een omweg.		
f. De ober zette een borreltje en een haring voor hem neer.		
g. Waar is m'n paraplu?		

30.
UNE DESTINATION INCONNUE

EEN ONBEKENDE BESTEMMING

OBJECTIFS

- **DEMANDER ET DONNER DES INFORMATIONS**
- **SAVOIR DÉCRIRE DES PROJETS**
- **PARLER DES ÉTUDES**
- **S'EXPRIMER AU FUTUR ET AU CONDITIONNEL**

NOTIONS

- **LEXIQUE DE LA SCOLARITÉ ET DES ÉTUDES**
- **QUELQUES TERMES SPÉCIFIQUES AUX VOYAGES**
- **LES PRÉPOSITIONS *IN* DANS ET *NAAR* VERS**
- **LE PLUS-QUE-PARFAIT**
- **LE VERBE DE MODALITÉ *ZULLEN* ET LE CONDITIONNEL *ZOUDEN***

UNE DESTINATION INCONNUE

<u>Agnès</u> : As-tu [eu] des nouvelles à propos des études de ta fille ?

<u>Frank</u> : Oui, elle a été admise dans une université technique, qui a un score bien élevé au classement international. Elle s'est installée il y a une semaine dans une résidence d'étudiants. J'ai l'impression que cela lui plaît énormément. Et quels sont les projets de ton fils ?

<u>Agnès</u> : Dès qu'il a eu ses résultats d'examen, il a réservé un billet (monde billet) pour [faire] le tour du monde.

<u>Frank</u> : Cela ne te fait pas peur ?

<u>Agnès</u> : Autrefois, j'aurais trouvé cela dangereux, mais plus maintenant. Mais je dois faire mes valises, car mon mari a réservé pour nous deux un voyage, vers une destination inconnue !

<u>Frank</u> : Tout ça me donne envie !

EEN ONBEKENDE BESTEMMING

<u>Agnes</u>: Heb je al nieuws in verband met de studie van je dochter?

<u>Frank</u>: Ja, ze is aangenomen op een technische universiteit, die flink hoog op de internationale rangorde scoort. Ze heeft een week geleden haar intrek genomen in een studentenhuis. Ik heb de indruk dat ze er zeer tevreden mee is. En wat zijn de plannen van jouw zoon?

<u>Agnes</u>: Zodra hij voor z'n examens geslaagd was, heeft hij een wereldticket geboekt.

<u>Frank</u>: Vind je dat niet eng?

<u>Agnes</u>: Vroeger zou ik dat gevaarlijk hebben gevonden, maar nu niet meer. Maar ik moet m'n koffers pakken, want m'n man heeft een reis voor ons samen gereserveerd, naar een onbekende bestemming!

<u>Frank</u>: Dat zou ik ook wel willen!

COMPRENDRE LE DIALOGUE
QUELQUES FORMULES ET EXPRESSIONS

→ (...) **ze is aangenomen op** (...) *(...) elle a été admise dans (...)* : avez-vous reconnu le verbe à particule séparable **aannemen** *admettre, accepter* ?
→ (...) **een week geleden** (...) *(...) il y a une semaine (...)* litt. « une semaine passée ».
→ (...) **dat ze er zeer tevreden mee is** *(...) que cela lui plaît énormément* litt. « que elle y très contente avec est ». L'adverbe **zeer** *très* est d'un registre assez formel.
→ **Vind je dat niet eng?** *Cela ne te fait pas peur ?* litt. « trouves tu cela ne pas effrayant ? ».
→ (...) **m'n koffers pakken** (...) *(...) faire mes valises (...)*. Le premier sens du verbe **pakken** est *prendre*. On trouve aussi **(een koffer) inpakken** *faire sa valise*.

LEXIQUE DE LA SCOLARITÉ ET DES ÉTUDES

Voici quelques termes en rapport avec l'enseignement : **het onderwijs** *l'enseignement*, **het onderwijsprogramma** *le programme scolaire*, **de school** *l'école*, **het klaslokaal** *la salle de classe*, **rekenen** *(l'enseignement du) calcul/calculer*, **het vak** *la matière*, **wiskunde** *mathématiques*, **natuurkunde** *physique*, **geschiedenis** *histoire*, **aardrijkskunde** *géographie*, **culturele en kunstzinnige vorming** *éducation culturelle et artistique*, **lichamelijke opvoeding** *éducation physique*, **Engels** *anglais*, **Duits** *allemand*, **maatschappijleer** *instruction civique*, **eindexamen doen** *passer son baccalauréat*, **de faculteit** *la faculté*, **de rechtenstudie** *les études de droit*.

QUELQUES TERMES SPÉCIFIQUES AUX VOYAGES

Quelques mots utiles dans ce domaine : **het station** *la gare*, **de vlucht** *le vol*, **het vliegticket** *le billet d'avion*, **de boarding pass** *la carte d'embarquement*, **de vleugel** *l'aile*, **de staart** *la queue*, **de rugzak** *le sac à dos*, **de reistas** *le sac de voyage*, **de handbagage** *le bagage à main*, **het mededelingenbord** *le panneau d'affichage*.

SPÉCIFICITÉS NÉERLANDAISES

Les enfants de 4 à 12 ans suivent *l'enseignement primaire* **het basisonderwijs**. *L'enseignement secondaire* **het voortgezet onderwijs** s'adresse aux élèves de 12 à 16/18 ans. À la fin de cet enseignement, on opte, en fonction du type d'enseignement suivi, directement pour une carrière professionnelle ou pour la poursuite de ses études. L'enseignement supérieur est de deux types : *l'enseignement professionnel supérieur* **het hoger beroepsonderwijs** et *l'enseignement universitaire* **het wetenschappelijk onderwijs**. Aux Pays-Bas, le système des grandes écoles comme en France n'existe pas.

◆ **GRAMMAIRE**
LES PRÉPOSITIONS *IN* DANS ET *NAAR* VERS

La préposition **in** *dans* est utilisée devant un mois, une année ou un lieu :
Het is koud in november *Il fait froid en novembre*.
Hij is in 2018 geboren *Il est né en 2018*.
Ze loopt in de stad *Elle marche dans la ville*.
La préposition **in** *dans* s'utilise quand on réfère à l'endroit même, sans l'idée de déplacement en direction d'un autre endroit :
in een winkel werken *travailler dans une boutique* ; **in bad** *dans le bain* ; **in bed** *dans le lit, au lit*.

Naar *vers* est utilisé pour exprimer une direction, une destination ou un déplacement, la plupart du temps avec le verbe **gaan** ou un verbe de mouvement :
naar het strand gaan *aller à la plage* ; **naar bed gaan** *aller au lit* ; **naar de stad fietsen** *aller en ville à vélo*.
Remarquez la différence entre les deux phrases suivantes :
Hij gaat iets drinken in een café *Il va boire quelque chose dans un café*.
Hij gaat naar het café *Il va au café*.

▲ **CONJUGAISON**
LE PLUS-QUE-PARFAIT

Le plus-que-parfait exprime l'antériorité par rapport à un fait dans le passé. Il se forme à l'aide de l'auxiliaire **hebben** *avoir* ou **zijn** *être* conjugué au prétérit et d'un participe passé. Ce dernier se trouve en règle générale en fin de phrase. Notez que l'auxiliaire peut se placer devant ou après le participe :
Zodra hij voor z'n examens was geslaagd/geslaagd was, heeft hij een wereldticket geboekt *Dès qu'il a eu ses résultats d'examen, il a réservé un billet pour faire le tour du monde*.

Après **nadat** *après que* le plus-que-parfait est obligatoire :
Nadat ze hadden gegeten/gegeten hadden, zijn ze naar bed gegaan *Après avoir mangé, ils allaient se coucher.*

LE VERBE DE MODALITÉ *ZULLEN* ET LE CONDITIONNEL *ZOUDEN*

Le verbe **zullen** se conjugue au présent **zal** et au pluriel **zullen**. Il existe aussi une forme en **-u** utilisée exclusivement à la 2e personne du singulier : **je, u zult**.

Vous avez vu que pour exprimer le futur, la plupart du temps, il suffit d'utiliser le verbe au présent accompagné d'un complément de temps ou d'un interrogatif temporel.

Pour exprimer le futur dans un langage plus formel, on utilise le verbe **zullen** :
Ik zal morgen een vlucht voor mijn baas boeken *Je réserverai demain un vol pour mon patron.*

Ce même verbe s'emploie aussi pour formuler :
→ une proposition (dans une phrase interrogative, avec les pronoms **ik** et **we/wij**) :
Zullen we morgen een vlucht boeken? *Et si nous réservions un vol demain ?*
→ une probabilité (accompagné de l'adverbe **wel**) :
Hij zal wel moe zijn *Il doit être fatigué.*
→ une volonté puissante, une nécessité :
Je zult voor dat examen moeten slagen! *Tu dois réussir cet examen !*

Les formes au prétérit **zou** au singulier et **zouden** au pluriel servent à construire le conditionnel :
Vroeger zou ik dat gevaarlijk hebben gevonden/gevonden hebben *Autrefois j'aurais trouvé cela dangereux.*

Notez aussi la tournure, souvent accompagnée de **graag** *volontiers* ou de **wel** *bien*, **/zou(den) … willen/** : *aurais, aurait, aurions, auriez, auraient … aimé / aimerais, aimerait, aimerions, aimeriez, aimeraient…*

● EXERCICES

1. COMPLÉTEZ LES PHRASES SUIVANTES À L'AIDE DE LA BONNE PRÉPOSITION, *NAAR* OU *IN* :

a. Ze gaat met de tram .... de binnenstad.
b. Ze gaan iets eten .... de binnenstad!
c. We zijn moe en we gaan .... bed.
d. Waar is hij? Hij is moe en hij ligt .... bed.
e. Ben je ook .... maart geboren?

VOCABULAIRE

onbekend *inconnu/e*
de bestemming *la destination*
het nieuws *les nouvelles*
in verband met *à propos de, par rapport à, concernant*
aannemen *accepter, admettre*
technisch *technique*
de universiteit *l'université*
flink *bien*
hoog *élevé/e*
internationaal *international/e*
de rangorde *le classement*
scoren *marquer des points*
geleden *passé, il y a*
de intrek nemen *s'installer*
het studentenhuis *la résidence d'étudiants*
de indruk *l'impression* (sentiment)
zeer *très*
tevreden *content/e*
het plan *le projet*
zodra *dès que*
het examen *l'examen*
slagen *réussir*
het wereldticket *un billet pour faire le tour du monde*
de wereld *le monde*
het ticket *le ticket, le billet*
boeken *réserver*
eng *effrayant/e*
vroeger *autrefois*
gevaarlijk *dangereux/-se*
de koffer *la valise*
(een koffer) (in)pakken *faire sa valise*
de reis *le voyage*
samen *ensemble*
reserveren *réserver*
het onderwijs *l'enseignement*
het onderwijsprogramma *le programme scolaire*
de school *l'école*
het klaslokaal *la salle de classe*
rekenen *(l'enseignement du) calcul/ calculer*
het vak *la matière*
de wiskunde *les mathématiques*
de natuurkunde *la physique*
de geschiedenis *l'histoire*
de aardrijkskunde *la géographie*
de culturele en kunstzinnige vorming *l'éducation culturelle et artistique*
de lichamelijke opvoeding *l'éducation physique*
het Duits *l'allemand* (langue)
de maatschappijleer *l'instruction civique*
de maatschappij *la société*
eindexamen doen *passer son baccalauréat*
het eindexamen *le baccalauréat*
de faculteit *la faculté*
de rechtenstudie *les études de droit*
het station *la gare*
de vlucht *le vol*
het vliegticket *le billet d'avion*
de boarding pass *la carte d'embarquement*
de vleugel *l'aile*
de staart *la queue*
de rugzak *le sac à dos*
de reistas *le sac de voyage*
de tas *le sac*
de handbagage *le bagage à main*
het mededelingenbord *le panneau d'affichage*
het bord *le panneau*
het basisonderwijs *l'enseignement primaire*
het voortgezet onderwijs *l'enseignement secondaire*
het hoger beroepsonderwijs *l'enseignement professionnel supérieur*
het wetenschappelijk onderwijs *l'enseignement universitaire*

2. CONSTRUISEZ DES PHRASES AU PLUS-QUE-PARFAIT AVEC LES ÉLÉMENTS DONNÉS.

a. Ze een foute code gebruiken / ze blokkeren haar rekening
Nadat ....

b. Hij landen / een taxi nemen
Nadat ....

c. Ik voor mijn examen slagen / verre reis maken
Zodra ....

d. We tas inpakken / een vakantie boeken
Toen ....

3. TRADUISEZ LES PHRASES SUIVANTES :

a. Ze is een week geleden op een technische school aangenomen.

→ ....

b. Ik zal voor dat examen moeten slagen!

→ ....

c. Nadat ze de zware meubels hadden ingeladen, zijn ze naar hun nieuwe woning gereden.

→ ....

d. Zodra hij zijn bril had opgezet, heeft hij het pakje opengemaakt.

→ ....

4. ÉCOUTEZ LES PHRASES SUIVANTES ET COMPLÉTEZ-LES. QUE SIGNIFIENT-ELLES ?

32

a. Je .... moe zijn!

→ ....

b. Vroeger .... ik dat gevaarlijk............................ .

→ ....

c. We .... dat .... doen.

→ ....

d. Ik .... morgen een .... Frankrijk ....

→ ....

e. .... een taxi ....?

→ ....

LES CORRIGÉS DES EXERCICES

NOTE

Vous trouverez dans les pages qui suivent tous les corrigés des exercices proposés dans les modules qui précèdent. Les exercices enregistrés sont signalés par le pictogramme 🔊 accompagné du numéro de la piste en *streaming*. Ils se trouvent sur la même piste que le dialogue de la leçon (ou après les listes de chiffres/nombres pour les modules 6, 7 et 12) ; ils portent donc le même numéro de piste.

1. PREMIÈRE RENCONTRE

1. a. 2. – **b.** 4. – **c.** 1. – **d.** 3.
2. a. in – **b.** op – **c.** Tot – **d.** op
3. a. Jullie <u>wonen</u> in Amsterdam.– **b.** <u>Heten</u> jullie Mark en Bernie? – **c.** <u>Komt</u> u voor de kaasproeverij? – **d.** En waar <u>woont</u> u?

03 **4. a.** Waar <u>wonen</u> jullie? – **b.** <u>Komt</u> u voor de proeverij? – **c.** De kaasmaker <u>heet</u> meneer Peters. – **d.** <u>Staan</u> jullie op de lijst? – **e.** <u>Woont</u> u in Amsterdam?

2. PARLER DE SOI

1. a. de **b.** het **c.** de **d.** het
2. a. <u>Ik</u> kom uit Utrecht. – **b.** <u>Ze</u> hebben een hond en een kat. – **c.** <u>Ze</u> heeft een broer. – **d.** Heeft <u>u</u> een huisdier? – **e.** <u>We</u> zijn hier. – **f.** <u>Je</u> hebt een zus. – **g.** Waar wonen <u>jullie</u>?
3. a. hebben – **b.** bent – **c.** is – **d.** hebt

04 **4. a.** Mijn <u>voornaam</u> is David. – **b.** Ik <u>heet</u> Maud. – **c.** We komen <u>uit</u> Giethoorn. – **d.** Is uw <u>achternaam</u> Smid? – **e.** <u>Heeft</u> Bernie een huisdier?

3. DÉCRIRE UNE PERSONNE

1. a. Ik <u>werk</u> voor de televisie. – **b.** <u>Spreekt</u> u Spaans en Frans? – **c.** De tulp is <u>rood</u>. – **d.** Hij <u>woont</u> in dat <u>grote</u> huis. – **e.** Ze <u>werken</u> in Zaandam.
2. a. Mag ik je even voorstellen? Dit is de buurvrouw en dat is de oppas. Aangenaam. – **b.** Mag ik je even voorstellen? Dit is Maud en dat is Thijs. Aangenaam. – **c.** Mag ik je even voorstellen? Dit is de nieuwe leerling en dat is de nieuwe docente. Aangenaam.
3. a. Argentijnse – **b.** rood – **c.** groot – **d.** nieuwe

05 **4. a.** Ze komt uit <u>Argentinië</u> – **b.** Hij spreekt <u>Nederlands</u> en <u>Spaans</u>. – **c.** Mijn <u>Franse</u> oppas is niet lief. – **d.** Hij is <u>Nederlander</u> en zij is <u>Française</u>.

4. SANTÉ !

1. a. Elle, elle est italienne et lui, il est néerlandais. – **b.** Ils viennent du Portugal. – **c.** Il parle le néerlandais, le français et l'espagnol. – **d.** Nous disons « France », mais « Pays-Bas ». – **e.** Un Français parle français.
2. a. 2. Zullen we <u>wat gaan drinken</u>? – **b.** 3. Ze wonen <u>hier al tien jaar.</u> – **c.** 1. Spreekt zij <u>Italiaans en Portugees</u>? – **d.** 4. Ik neem <u>een glas witte wijn.</u>
3. a. zeggen – **b.** kennen – **c.** witte – **d.** grappig

06 **4. a.** <u>Nou</u>, eigenlijk heet ik Bernard. / Eh ben, en fait, je m'appelle Bernard. – **b.** Zeg <u>maar</u> gewoon Ben! / Tu peux m'appeler Ben ! – **c.** Dat is een Nederlandse naam <u>hoor</u>! / C'est un nom néerlandais, tu sais !

5. AU MARCHÉ

1. a. Hoe duur zijn de bananen? – **b.** Hoeveel kost de haring? – **c.** Wat kosten de bessen?
2. a. De bananen kosten twee euro per kilo. – **b.** De haring is duur: een euro per stuk. – **c.** Een ons bessen kost zeven euro.
3. a. de bessen – **b.** de kleuren – **c.** de bananen – **d.** de visboeren – **e.** de appels/appelen

07 **4. a.** Zegt u het maar! / Je vous écoute ! – **b.** Wat duur! / Que c'est cher ! – **c.** Dank u wel. / Merci bien (à vous). – **d.** Ja, graag! / Oui, volontiers !

6. LA FAMILLE

1. a. vier – **b.** veertien – **c.** acht – **d.** achttien – **e.** drie – **f.** dertien
2. a. Ils ont une fille de 16 ans et un fils de 11 ans. – **b.** Sur cette photo figurent mon papi et ma mamie. – **c.** Qu'il/elle est mignon/ne, cet/te enfant ! – **d.** As-tu déjà des petits-enfants ? Oui, je suis déjà grand-mère.
3. a. groot – **b.** grote – **c.** leuk – **d.** leuke

08 **4. a.** niet waar – **b.** niet waar – **c.** waar – **d.** niet waar – **e.** waar

7. AU TÉLÉPHONE

1. a. achtentachtig – **b.** negenenveertig – **c.** zesendertig – **d.** achtentwintig – **e.** negenennegentig – **f.** honderdeen

2. a. Waar werkt de buurvrouw? – **b.** Waarom wonen jullie in een huis op de dijk? – **c.** Wanneer begint de kaasproeverij? – **d.** Wat is je naam? – **e.** Wat doe je straks?

3. a. Bonjour, monsieur Hans à l'appareil. Est-ce que ton père est là ? – **b.** Excusez-moi. Je me suis trompé/e de numéro. – **c.** Tu peux le joindre sur son portable. – **d.** Bonjour, qui est à l'appareil ? – **e.** Vous êtes bien sur le répondeur d'Ivo. Laissez-moi un message après le bip.

4. a. Hebben zij niet een dochter van achttien en een zoon van zestien? Ja, dat klopt. – **b.** Wat doet ze straks? Dat weet ik niet. – **c.** Wat wil je drinken? Ik neem een glas rode wijn. En jij? – **d.** Zullen we naar het café gaan? Ja, goed idee! – **e.** Sorry, hij is momenteel niet thuis.

8. UNE NOUVELLE CARTE D'IDENTITÉ

1 a. 3. – **b.** 4. – **c.** 1. – **d.** 2.

2. a. U staat op de lijst / U staat niet op de lijst. – **b.** Ik zie je naam in het bestand / Ik zie je naam niet in het bestand. – **c.** We kunnen op donderdag / We kunnen niet op donderdag. – **d.** Ze reizen op 3 maart naar het buitenland / Ze reizen niet op 3 maart naar het buitenland / Ze reizen op 3 maart niet naar het buitenland.

3. a. Ik geef u een nieuwe identiteitskaart. – **b.** Hij leest de krant. – **c.** Ze reist niet vaak. – **d.** Geeft u mij dan maar drie tulpen.

4. a. Hoe oud zijn je kinderen? – **b.** Jullie moeten eerst een afspraak maken. – **c.** We komen onze kaarten ophalen. – **d.** Doe dan maar twee ons bessen! – **e.** Hij heeft een nieuwe rekenmachine nodig.

9. LES ACTIVITÉS DE LA JOURNÉE

1. a. Het is negen uur vijfenveertig. Het is kwart voor tien 's ochtends / 's morgens. – **b.** Het is zeventien uur vijf. Het is vijf over vijf 's middags. – **c.** Het is drie uur vijftien. Het is kwart over drie 's nachts. – **d.** Het is twintig uur vijfendertig. Het is vijf over half negen 's avonds.

2. a. Het is tien voor/over half negen. / Il est 8 heures 20. / Il est 8 heures 40. – **b.** Zij heeft zin in een glas witte wijn en hij in een patatje met mayonaise. / Elle, elle a envie d'un verre de vin blanc et lui, de frites avec de la mayonnaise. – **c.** We hebben zin om naar het buitenland te gaan. / Nous avons envie d'aller à l'étranger. – **d.** De pont komt over een kwartier. / Le bac arrive dans un quart d'heure. – **e.** Ga je een kroketje uit de muur trekken? / Vas-tu manger une croquette (du mur) ? – **f.** Hoe laat ben je terug? Om negen uur. / À quelle heure seras-tu de retour ? À 9 heures. – **g.** Ze blijven in bed tot tien uur. / Ils/Elles restent au lit jusqu'à 10 heures.

3. a. Ik doe mijn joggingpak aan en ik ga mee.– **b.** Staat Jasper niet op de lijst? – **c.** Gaat u op de fiets of met de tram? – **d.** Blijf je in bed tot twaalf uur of sta je nu op?

4. a. Het is tien over drie 's middags. – **b.** Heb je honger? – **c.** Ze nemen de pont over het IJ. – **d.** Hij trekt een kroketje uit de muur. – **e.** Doe je joggingpak maar aan.

10. UN E-MAIL D'EVA

1. a. Stop je met je studie? – **b.** De vakantie begint vanavond. – **c.** Zegt u het maar! – **d.** Hoe spel je dat? – **e.** Ik wil je straks even aan hem voorstellen.

2. a. 2. – **b.** 1. – **c.** 4. – **d.** 3.

3. a. Doe haar de groeten! – **b.** Ze start haar eigen bedrijf. – **c.** Hoe gaat het met u? – **d.** Ze hopen dat het beter met je vader gaat.

4. a. Hoe gaat het met haar? – **b.** Hij heeft het druk maar alles is prima met hem. – **c.** We zien hen niet zo vaak meer. – **d.** Jullie zijn altijd welkom bij ons.

11. À LA RECHERCHE D'UN APPARTEMENT

1. Oui : a. ; d. ; e. ; h. – Non : **b. ; c. ; f. ; g.**

2. a. schattiger / plus mignon – **b.** verder / plus loin – **c.** verser / plus frais – **d.** later / plus tard – **e.** leuker / plus drôle, plus sympa – **f.** ruimer / plus spacieux – **g.** duurder / plus cher – **h.** liever / plus gentil

3. a. de badkamers – **b.** de grootouders – **c.** de berichten – **d.** de groeten – **e.** de jongens – **f.** de nummers – **g.** de dochters – **h.** de tunnels – **i.** de postcodes – **j.** de meisjes – **k.** de keukens – **l.** de visboeren

4. a. Wat vind je van dat uitzicht? – **b.** Ben je op zoek naar een flat? – **c.** Deze woning heeft een balkon op het zuiden. – **d.** De extra berging is op de begane grond. – **e.** Wat is de huurprijs van dit appartement?

12. DEMANDER SON CHEMIN

1. a. 2. – **b.** 3. – **c.** 1.

2. a. Daar gaat over drie minuten een tram heen. – **b.** U loopt hier rechtdoor tot de stoplichten. – **c.** Dan is het de tweede straat rechts.

3. a. eerste – **b.** derde – **c.** zevenentwintigste – **d.** achtste – **e.** veertiende

4. a. Ze komen uit het noordwesten van het land. / Ils viennent du nord-ouest du pays. – **b.** Goedemiddag, ben je hier bekend? / Bonjour, connais-tu le quartier ? – **c.** Hij heeft een zuidelijk accent. / Il a un accent méridional. – **d.** Waar ga je naartoe? Daarnaartoe! / Où vas-tu ? – Par là !

13. ET SI NOUS ALLIONS… ?

1. a. Hij heeft geen zin in een kop koffie. – **b.** Ze hebben geen dorst en geen honger. – **c.** Deze flat is niet duurder dan die andere. – **d.** Ze stopt niet met de studie want ze gaat geen bedrijf starten. – **e.** Mijn buurvrouw heeft geen fiets. – **f.** Heb je geen kinderen of geen huisdieren?

2. a. Zullen we Emma uitnodigen? Ja, dat is een goed idee. – **b.** Ik heb zin om naar de film/bioscoop te gaan. Nee, laten we hier blijven! – **c.** Wat vinden jullie van het idee om naar de markt te gaan? Oké/Dat is goed, laten we dat doen! – **d.** Wil je een biertje? Ja, graag! Ik heb dorst.

3. a. We kunnen vanavond thuisblijven <u>of</u> naar het café gaan. – **b.** Waar kom je vandaan, <u>want</u> je hebt een licht accent? – **c.** Zij werkt in Zaandam <u>maar/en</u> hij werkt in Maastricht. – **d.** Ze hebben geen honger, <u>dus</u> ze willen niet blijven eten. – **e.** Ik noteer de datum <u>en</u> geef u vast het formulier.

4. a. <u>Hé</u>, <u>dag</u> Mariska. Hoe gaat het met je? – **b.** Hebben jullie <u>vanochtend</u> geen zin om te werken? – **c.** <u>Goedenavond</u>! Wilt u een glas wijn of een biertje? – **d.** <u>Ha</u> Marc! <u>Hoi</u> Ben, ik kan niet blijven hoor! <u>Doei</u>. – **e.** <u>Hè</u> jammer! Ik kan <u>vanavond</u> niet met je meegaan. Oké, nou <u>dag</u>!

14. L'HOROSCOPE

1. Facultative : a. ; d. ; e. – Obligatoire : **b. ; c.**

2. a. Zij kent geen compromis. Het is voor haar altijd <u>alles</u> of <u>niets</u>. – **b.** Willen jullie ons <u>iets/wat/niets</u> vragen? – **c.** <u>Niemand</u> is zo voorzichtig als hij. – **d.** Niet <u>iedereen</u> vindt dat een mooie film.

3. a. <u>Geeft</u> u mij maar een kilo peren! – **b.** <u>Laat</u> maar snel iets van je horen! – **c.** <u>Wees</u> niet zo dom! – **d.** <u>Maakt</u> u niet kwaad! – **e.** <u>Leer</u> eens je mening te uiten!

4. a. Heeft zij <u>nooit</u> honger of <u>dorst</u>? – **b.** Ze heeft <u>soms</u> zin om <u>wat</u> te eten <u>of</u> te drinken. – **c.** <u>Wat</u> maak je <u>'t</u> jezelf <u>vaak</u> moeilijk! – **d.** Je bent <u>zo'n</u> harde werker! Maar <u>neem 'ns</u> vakantie! – **e.** Hij wil <u>steeds</u> de baas zijn, maar niet <u>iedereen</u> vindt dat leuk. – **f.** Stop <u>'s</u> met <u>altijd</u> tot morgen te <u>wachten</u>!

15. UNE « APPLI » DE NAVIGATION

1. a. <u>Zijn</u> zoon heeft geen smartphone. – **b.** <u>Haar</u> dochters staan elke dag in de file. – **c.** <u>Onze</u> kinderen nemen iedere ochtend de bus. – **d.** <u>Ons</u> huis heeft een grote woonkamer en een open keuken.

2. a. Hoe is 't met 'm? – **b.** Ik zie je naam niet in m'n bestand staan. – **c.** We houden veel van d'r/'r. – **d.** Ze willen 'r één met internetverbinding.

3. a. Il veut aller à son travail en transports en commun. – **b.** Peux-tu installer quelques « applis » sur mon Smartphone ? – **c.** Il existe un système simple et bon marché. – **d.** Ils en ont besoin pour pouvoir voyager à l'étranger.

4. a. niet waar – **b.** niet waar – **c.** waar – **d.** niet waar – **e.** waar

16. FAIRE DES COURSES

1. a. 2. – **b.** 3. – **c.** 4. – **d.** 1.

2. a. Hij heeft haar nummer nodig om haar uit te nodigen. / séparée – **b.** Het is niet gemakkelijk om iets leuks voor haar uit te kiezen. / séparée – **c.** Waarom ga je niet met ons mee? / séparée – **d.** Je kunt na de piep een boodschap inspreken. / attachée – **e.** Ze stelt hem aan de buurvrouw voor. / séparée – **f.** Hoe laat wil je opstaan? / attachée – **g.** Daar komt de trein aan. / séparée

3. a. wil – **b.** heeft, heeft – **c.** wil – **d.** raad

4. a. Hoeveel brood hebben we per persoon nodig? – **b.** De klant is koning! – **c.** Gaat u maar van ongeveer 200 gram uit. – **d.** Hij wil een roggebrood, een runderrollade en een stuk leverworst. – **e.** We hebben vijf kazen nodig om een kaasplankje samen te stellen.

17. SORTIR AU RESTAURANT

1. a. hoofdgerecht – **b.** kaas – **c.** bestellen – **d.** koffie – **e.** pannenkoek

2. a. de foto's – **b.** de risico's – **c.** de flats – **d.** de oma's

3. a. Ik wil/heb graag (een) koffie. – **b.** Drink je liever wijn of bier? – **c.** Ze/zij gaan het liefst naar het strand. – **d.** Hij is dol/gek op brood met jonge kaas. – **e.** Eet smakelijk / Smakelijk eten!

4. a. Ik houd niet van friet met satésaus. – **b.** We vinden de toetjes niet lekker. –

c. Waarom zijn Nederlanders niet gek op gerechten uit Indonesië? – **d.** Ze eten niet graag pannenkoeken.

18. CHEZ LE MÉDECIN

1. a. Er staat geen fiets in de berging. – **b.** Er komt een auto aan. – **c.** Er wonen veel makelaars in dat flatgebouw. – **d.** Er lopen een paar mannen op het strand.

2. a. Ze/Zij zijn erg moe en ze/zij hoesten. – **b.** Ze/Zij heeft buikpijn en rugpijn, maar ze/zij heeft geen keelpijn ; Ze/Zij heeft pijn in haar buik en in haar rug, maar ze/zij heeft geen pijn in haar keel. – **c.** Uw/Jullie symptomen lijken er in ieder geval op. – **d.** Mijn voeten en tenen doen pijn.

3. a. We bellen straks wel even terug. – **b.** Ze hebben geen zin om op te hangen. – **c.** Hij verbindt haar met de dokter door. – **d.** Kom je vanavond even langs?

4.

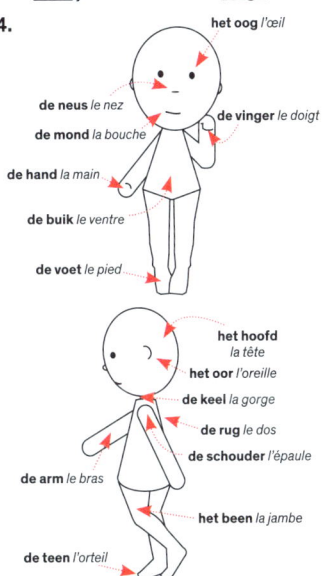

het oog *l'œil*
de neus *le nez*
de vinger *le doigt*
de mond *la bouche*
de hand *la main*
de buik *le ventre*
de voet *le pied*
het hoofd *la tête*
het oor *l'oreille*
de keel *la gorge*
de rug *le dos*
de schouder *l'épaule*
de arm *le bras*
het been *la jambe*
de teen *l'orteil*

5. a. Waar hebben jullie last van? – **b.** Mijn arm, handen en vingers doen pijn. – **c.** Ben je verkouden en heb je hoofdpijn? – **d.** Ze is in gesprek. Blijf je aan de lijn of wil je liever terugbellen? – **e.** De assistente hangt net op. Ik verbind je door. – **f.** Wat erg! Beterschap!

19. LA ROUTINE

1. a. Hij vindt de zondag zo'n fijne dag! – **b.** Ze hebben zulke lieve kinderen! – **c.** Zulke lekkere broodjes vind je alleen in Nederland. – **d.** Zij heeft zo'n grappige achternaam! – **e.** Waarom drink je zulk koud water?

2. a. Ze heeft er zin in. / Daar heeft ze zin in. – **b.** Kan ik er over een maand in? / Kan ik daar over een maand in? – **c.** Wat is er leuk aan? / Wat is daar leuk aan?

3. a. dezelfde – **b.** hetzelfde – **c.** dezelfde – **d.** dezelfde – **e.** hetzelfde

4. a. Ze begint met brieven typen op haar laptop. / Elle commence par taper des lettres sur son portable. – **b.** We gaan er tussen de middag even tussenuit. / Nous allons faire un tour à midi. – **c.** Hij heeft zulke negatieve ideeën! / Il a des idées tellement négatives ! – **d.** Ik houd niet van fotokopieën maken. / Je n'aime pas faire des photocopies.

20. L'ENTRETIEN D'EMBAUCHE

1. a. Kun/Kan je goed overweg met computers? – **b.** Ze kan/kunnen niet wachten en wil/willen meteen beginnen. – **c.** Mag ik de kaart? – **d.** We willen graag hier blijven.

2. a. Ze neemt een glas wijn want ze heeft dorst. – **b.** Hij eet een broodje omdat hij honger heeft.

3. a. Hij heeft helemaal geen werkervaring. – **b.** Ik ben momenteel niet beschikbaar. – **c.** Ze gaat op een interessante vacature solliciteren.

4. a. Je bent sociaal heel vaardig als ik het goed begrijp. – **b.** Waarom studeer je communicatiewetenschappen? Omdat ik dat een leuke studie vind! – **c.** Voordat hij met zijn werk begint, drinkt hij eerst een kop koffie. – **d.** Hoewel ze geen werkervaring heeft, neemt hij haar toch aan. – **e.** Ze zijn blij dat ze niet meer iedere ochtend in de file staan.

5. a. Ik beschik over veel competenties voor deze baan. – **b.** Jullie kunnen erg goed typen! – **c.** Hij is een geschikte kandidaat, want hij is nu meteen beschikbaar. – **d.** Wat een fijn sollicitatiegesprek is dit! – **e.** Ik studeer communicatiewetenschappen. – **f.** Het is een leuke organisatie.

21. AU BUREAU

1. a. Het bureau staat in de woonkamer. – **b.** De fietsen staan voor het huis. – **c.** Het dossier ligt op de grond. – **d.** De lamp hangt aan de muur. – **e.** De delete-toets zit op het toetsenbord.

2. a. Ik neem er geen. – **b.** Er staan er drie in de berging. – **c.** We hebben er vijf nodig. – **d.** Er liggen er twee op tafel. – **e.** Hij kent er vier.

3. a. de redactrice / la rédactrice – **b.** de kandidate / la candidate – **c.** de bazin / la patronne – **d.** de medewerkster / l'employée – **e.** de vriendin / l'amie – **f.** de docente / l'enseignante – **g.** de leerlinge / l'élève – **h.** de vertaalster / la traductrice – **i.** de koningin / la reine – **j.** de studente / l'étudiante

4. a. We krijgen steeds een foutmelding. – **b.** Het is te laat! Je hoeft niet meer te komen. – **c.** Je moet eerst dubbel klikken en dan knippen en plakken. – **d.** Hij bestelt alle kantoorbenodigdheden in maart en juli. – **e.** Weet je niet wat een apenstaartje is? – **f.** Hoe spel je paperclip, delete-toets en mail?

22. LES JOURS DE FÊTE

1. a. 3. peperduur – **b.** 4. ijskoud – **c.** 1. doodstil – **d.** 2. dolblij

2. a. biertje – **b.** uitje – **c.** visje – **d.** mobieltje – **e.** bosje – **f.** kroketje – **g.** kwartiertje – **h.** patatje – **i.** kaasplankje – **j.** stukje – **k.** rolletje – **l.** gedichtje

3. a. Bedank haar maar snel! – **b.** Er staan heel erg veel pakjes voor de deur. – **c.** Gefeliciteerd (met je/uw verjaardag)! – **d.** Het is zeven graden onder nul en ik heb het ijskoud.

4. a. niet waar – **b.** niet waar – **c.** waar – **d.** niet waar – **e.** waar

23. LES HOBBYS

1. a. belangrijker/belangrijkst – **b.** gelukkiger/gelukkigst – **c.** beter/best – **d.** korter/kortst – **e.** lekkerder/lekkerst – **f.** meer/meest – **g.** slimmer/slimst – **h.** warmer/warmst – **i.** minder/minst – **j.** liever/liefst – **k.** duurder/duurst – **l.** mooier/mooist

2. a. Haar dochter is jonger <u>dan</u> zijn zoon. – **b.** Deze kaas is net zo lekker <u>als</u> die andere. – **c.** Zij roken meer <u>dan</u> wij. – **d.** Hij gaat liever naar de bioscoop <u>dan</u> naar het restaurant. – **e.** Deze vis is niet zo vers <u>als</u> die daar.

3. a. Elle marche en chantant. – **b.** Allons à la plage à pied / en marchant ! – **c.** Quand as-tu mal au ventre ? - En riant. – **d.** En m'écoutant bien, vous comprendrez.

4. (L'accent tonique est en couleur.) **a.** 2. het televisieprogramma – **b.** 4. het telefoonnummer – **c.** 1. het volkorenbrood – **d.** 3. de sollicitatiebrief

24. FAIRE DU SHOPPING

1. a. Hij gelooft in <u>zich</u>zelf. – **b.** Ze wassen <u>zich/elkaar</u> niet vaak. – **c.** Vermaakt u <u>zich</u> hier wel? – **d.** Ik erger <u>me/mij</u> aan de verkoopster. – **e.** Je vergist <u>je</u>.

2. a. avoir honte – **b.** se tromper – **c.** se distraire/s'amuser – **d.** se marier – **e.** s'appeler – **f.** être conscient – **g.** se réveiller – **h.** s'énerver, s'irriter, s'agacer

3. a. Waar is mijn overhemd/bloes? – **b.** Die laarsjes met hoge hakken staan u goed. – **c.** Mag ik deze rok (even) passen/proberen? – **d.** Heeft u deze schoenen in maat 42? – **e.** Hij zoekt een kledingwinkel.

4. a. Is de binnenstad van Den Bosch autovrij? – **b.** Zit er een gaatje in die jas? – **c.** Vindt u dat eenvoudige model bijzonder mooi? – **d.** Bedoel je die bank in de buurt van de kapper?

25. PARTIR EN WEEK-END

1. a. <u>de</u> rondvaart <u>die</u> – **b.** <u>het</u> zwembad <u>dat</u> – **c.** <u>de</u> boten <u>die</u> – **d.** <u>de</u> broden <u>die</u>

2. a. de zee: <u>Die</u> is nogal koud. – **b.** de kaas: <u>Die</u> is heerlijk! – **c.** haar gezicht: <u>Dat</u> herinner ik me niet meer. – **d.** onze zoon: <u>Die</u> woont in Haarlem.

3. a. Wat <u>betekent</u> dat woord? – **b.** Ze <u>begrijpt/begrijpen</u> niet waarom dat belangrijk is. – **c.** Hij <u>bedankt</u> haar voor het cadeau. – **d.** <u>Bedoel</u> je die winkel in de buurt van de bank?

4. a. Het schijnt dat je daar verrukkelijk kunt brunchen! – **b.** Had je mooi weer? – **c.** Het heeft niet geregend. – **d.** We gaan volgend weekend waarschijnlijk naar Texel. – **e.** Ze zijn naar Zierikzee geweest. – **f.** Waar staan de pindakaas en de hagelslag?

26. À L'OFFICE DE TOURISME

1. a. Hij gaat <u>met/op</u> de brommer naar het strand. – **b.** Ik ga het liefst <u>met</u> het vliegtuig. – **c.** <u>Met/Op</u> de fiets kunnen ze stoppen waar ze willen. – **d.** Ga je <u>met</u> de boot naar Engeland of <u>met</u> de trein?

2. a. afstappen – **b.** uitstappen – **c.** instappen – **d.** opstappen

3. a. Cette fois-ci, elle aurait voulu aller autre part / ailleurs. – **b.** Quel type d'hébergement préfère-t-il ? – **c.** Ils/Elles voudraient des renseignements pour des vacances à vélo au mois de mars. – **d.** Un emplacement sympa dans (sur) un camping ? Oui, cela lui paraît bien.

4. a. Kamperen? Nee, dat bevalt me niet. / Faire du camping ? Non, cela ne me plaît pas. – **b.** Wat dacht je van een rondreis op de fiets rond het IJsselmeer? / Que penses-tu d'un tour à vélo autour du lac d'IJssel ? – **c.** Ze fietst door schitterende natuurgebieden. / Elle traverse des zones naturelles splendides à vélo. – **d.** Ze komen langs bekende historische dorpjes met gezellige middeleeuwse straatjes. / Ils/Elles passent dans des villages historiques connus avec des rues médiévales animées. – **e.** Heb je voorkeur voor een vakantiehuisje of voor een stacaravan? / Préfères-tu un bungalow ou un mobil-home ?

27. LA BANQUE EN LIGNE

1. a. indénombrable : de la bière / un litre de bière / quelques bières – **b.** dénombrable : centime / trois centimes / combien de centimes ? – **c.** dénombrable : degré / 37 degrés de fièvre / quelques degrés – **d.** dénombrable : fois / six fois / la sixième fois – **e.** dénombrable : heure / quelques heures / cinq heures – **f.** indénombrable : du vin / un verre de vin / deux verres de vin

2. a. Ze heeft een foute code gebruikt en daarom is haar spaarrekening geblokkeerd. – **b.** Hij heeft gisteren eerst een account aangemaakt en daarna een code ingevoerd. – **c.** Ze hebben haar gefeliciteerd met haar verjaardag. – **d.** Ik heb op een leuke vacature gesolliciteerd. – **e.** Heb je veel geld verdiend? – **f.** Ze zijn al zes keer verhuisd!

3. a. Na de derde keer wordt alles geblokkeerd. – **b.** Waarom neem je zoveel geld op? – **c.** Daar ben ik het niet mee eens! – **d.** Ik kon geen goed wachtwoord bedenken. – **e.** In de maand mei heb ik niets uitgegeven.

4. a. Wat is er aan de hand? – **b.** Ik wil graag contant betalen. – **c.** Hij heeft gisteren een account aangemaakt. – **d.** Hoe is dat gebeurd? – **e.** Wanneer en waar ben je geboren? – **f.** Het lijkt me logisch dat ze al die dingen willen weten.

28. LE DÉMÉNAGEMENT

1. a. Ze zet/zetten het bureau in de woonkamer. – **b.** Hebben jullie de fietsen voor het huis gezet? – **c.** Hij legt het dossier op de grond. – **d.** Kun je de lamp aan de muur hangen? – **e.** Ze doet/stopt het geld in haar portemonnee.

2. a. une tasse à thé / 2. une tasse de thé – **b.** le bol pour la soupe / 3. le bol de soupe – **c.** la boîte d'allumettes / 4. la boîte d'allumettes – **d.** deux verres à vin / 1. deux verres de vin

3. a. de ideeën – **b.** de families – **c.** de bacteriën – **d.** de zeeën – **e.** de kopieën – **f.** de epidemieën – **g.** de televisies – **h.** de balies – **i.** de advertenties

4. a. Wat heb jij toch altijd briljante ideeën! – **b.** Wie wil er koffie met gebak? – **c.** Heb je m'n short in de wasmachine gestopt? – **d.** Haar knieën doen niet meer pijn. – **e.** Hij kan de gebakvorkjes nergens meer vinden. – **f.** Geweldig! Het gaat lekker vlug! Alles staat al in de gang.

29. EN VACANCES

1. a. 2. ou 3. – **b.** 4. – **c.** 1. – **d.** 3.

2. a. maakte/maakten – **b.** landde/landden – **c.** zette/zetten – **d.** legde/legden – **e.** fietste/fietsten – **f.** verwende/verwenden – **g.** paste/pasten – **h.** bespeelde/bespeelden

3. a. Ze heeft haar zus meteen teruggebeld. – **b.** Heb je een glas limonade voor hem klaargezet? – **c.** Ze zijn naar het strand gereden. – **d.** Hij heeft tien kilometer op het eiland gefietst.

4. a. niet waar – **b.** waar – **c.** niet waar – **d.** waar – **e.** niet waar – **f.** niet waar – **g.** waar

30. UNE DESTINATION INCONNUE

1. a. Ze gaat met de tram naar de binnenstad. – **b.** Ze gaan iets eten in de binnenstad! – **c.** We zijn moe en we gaan naar bed. – **d.** Waar is hij? Hij is moe en hij ligt in bed. – **e.** Ben je ook in maart geboren?

2. a. Nadat ze een foute code had gebruikt/gebruikt had, hebben ze haar rekening geblokkeerd. – **b.** Nadat hij was geland/geland is, heeft hij een taxi genomen. – **c.** Zodra ik voor mijn examen was geslaagd/geslaagd was, heb ik een verre reis gemaakt. – **d.** Toen we onze tas hadden ingepakt/ingepakt hadden, hebben we een vakantie geboekt.

3. a. Elle a été admise il y a une semaine dans une école technique. – **b.** Je dois réussir cet examen ! – **c.** Après avoir chargé les meubles lourds, ils sont allés à leur nouveau logement. – **d.** Dès qu'il avait mis ses lunettes, il a ouvert le paquet.

4. a. Je zult wel moe zijn! / Tu dois être fatigué ! – **b.** Vroeger zou ik dat gevaarlijk hebben gevonden. / Autrefois, j'aurais trouvé cela dangereux. – **c.** We zouden dat graag willen doen. / Nous aimerions faire cela. – **d.** Ik zal morgen een vlucht naar Frankrijk boeken. / Je réserverai demain un vol pour la France. – **e.** Zullen we een taxi naar het vliegveld nemen? / Et si nous prenions un taxi pour aller à l'aéroport ?

MÉMOS CONJUGAISON, GRAMMAIRE ET VOCABULAIRE

▲ CONJUGAISON
LES VERBES FORTS ET IRRÉGULIERS

Le prétérit des verbes forts et irréguliers connaît une seule forme pour le singulier et une seule forme pour le pluriel, comme pour les verbes réguliers, mais il se caractérise par des changements de voyelle dans le radical. Dans le tableau suivant, vous trouverez la forme du singulier et du pluriel (au cas où ce dernier est irrégulier) des verbes rencontrés dans cet ouvrage.

Le participe passé des verbes forts se caractérise par le préfixe **ge-** et la terminaison **-en**. Les participes passés suivis de * requièrent l'emploi de l'auxiliaire **zijn** être. En ce qui concerne les verbes à particule séparable, il suffit de connaître le prétérit et le participe passé du verbe de base (par exemple **komen** venir → **kwam/kwamen**, **gekomen**) pour pouvoir conjuguer les verbes dérivés (**aankomen** arriver, **binnenkomen** entrer, etc.).

INFINITIF		PRÉTÉRIT	PARTICIPE PASSÉ
(op)hangen	accrocher	**hing op**	**opgehangen**
aangeven	indiquer, passer	**gaf aan / gaven aan**	**aangegeven**
aannemen	admettre, embaucher	**nam aan / namen aan**	**aangenomen**
aantrekken	mettre (vêtement)	**trok aan**	**aangetrokken**
aanwijzen	indiquer	**wees aan**	**aangewezen**
aflopen	sonner	**liep af**	**afgelopen***
beginnen	commencer	**begon**	**begonnen***
begrijpen	comprendre	**begreep**	**begrepen**
besluiten	décider	**besloot**	**besloten**
binnenkrijgen	recevoir	**kreeg binnen**	**binnengekregen**
blijven	rester	**bleef**	**gebleven***
doorbreken	rompre	**doorbrak / doorbraken**	**doorbroken**
doorverbinden	passer la communication (au téléphone)	**verbond door**	**doorverbonden**
dragen	porter	**droeg**	**gedragen**
drinken	boire	**dronk**	**gedronken**

eten	*manger*	at / aten	gegeten
helpen	*aider*	hielp	geholpen
inladen	*charger*	laadde in	ingeladen
inspreken	*parler*	sprak in / spraken in	ingesproken
kijken	*regarder*	keek	gekeken
laten	*laisser*	liet	gelaten
lezen	*lire*	las / lazen	gelezen
liggen	*être couché*	lag / lagen	gelegen
lijken	*avoir l'air, paraître*	leek	geleken
ontbijten	*prendre le petit-déjeuner*	ontbeet	ontbeten
ontvangen	*recevoir*	ontving	ontvangen
rijden	*rouler*	reed	gereden
schijnen	*briller*	scheen	geschenen
sluiten	*fermer*	sloot	gesloten
trekken	*tirer*	trok	getrokken
uitkiezen	*choisir, sélectionner*	koos uit	uitgekozen
vallen	*tomber*	viel	gevallen*
vergeten	*oublier*	vergat / vergaten	vergeten
verzenden	*envoyer*	verzond	verzonden
vinden	*trouver*	vond	gevonden
worden	*devenir*	werd	geworden*
zingen	*chanter*	zong	gezongen
zitten	*être assis*	zat / zaten	gezeten

Le prétérit des verbes irréguliers se caractérise par des changements de voyelles ou de consonnes, de plus le participe passé se termine en **-en**, **-t** ou **-d**. Lorsque le prétérit singulier se termine par une voyelle, un **-d** de liaison est ajouté avant la terminaison **-en** : **zei** → **zeiden** ; **zou** → **zouden** ; **wou** → **wouden**.

INFINITIF		PRÉTÉRIT	PARTICIPE PASSÉ
aandoen	*allumer, mettre*	deed aan	aangedaan
aankomen	*arriver*	kwam aan / kwamen aan	aangekomen*

afgaan	sonner	ging af	afgegaan*
bedenken	trouver, imaginer	bedacht	bedacht
bestaan	exister	bestond	bestaan
bezoeken	visiter	bezocht	bezocht
brengen	amener	bracht	gebracht
doorgaan	continuer	ging door	doorgegaan*
heten	s'appeler	heette	geheten
hoeven	avoir besoin	hoefde	gehoeven
houden van	aimer	hield van	gehouden van
inzien	voir	zag in / zagen in	ingezien
kunnen	pouvoir	kon / konden	gekund
moeten	devoir	moest	gemoeten
mogen	pouvoir	mocht	gemogen
opslaan	sauvegarder, enregistrer	sloeg op	opgeslagen
vragen	demander	vroeg	gevraagd
weten	savoir	wist	geweten
willen	vouloir	wilde (rég.), wou / wouden	gewild
zeggen	dire	zei / zeiden	gezegd
zien	voir	zag / zagen	gezien
zijn	être	was / waren	geweest*
zoeken	chercher	zocht	gezocht
zullen	aux. du futur	zou / zouden	*

LE PARTICIPE PASSÉ SANS PRÉFIXE *GE-*

Pour tous les verbes commençant par les préfixes **be-**, **ge-**, **(h)er-**, **ont-** et **ver-**, on n'ajoute pas le préfixe **ge-** au participe passé. C'est également le cas pour les verbes à particule non séparable. Rappelez-vous que l'accent tonique de ces deux types de verbes est placé sur la partie verbale :

doorbreken *rompre* → **door**broken *rompu*
voorspellen *annoncer, prédire* → **voor**speld *annoncé, prédit*
be**sparen** *faire des économies* → be**spaard** *fait des économies*
ge**beuren** *se passer, arriver* → ge**beurd** *passé, arrivé*
ont**vangen** *recevoir* → ont**vangen** *reçu*
ver**huizen** *déménager* → ver**huisd** *déménagé*

Voici quelques autres verbes courants avec les préfixes **her-** et **ver-** :

(zich) herinneren	(se) rappeler
herhalen	répéter
verbieden	défendre, interdire
vergelijken	comparer
verkopen	vendre
verliezen	perdre
(zich) verontschuldigen	(s')excuser
verstaan	entendre, comprendre
vertalen	traduire
vertrekken	partir

◆ **GRAMMAIRE**
LES VERBES À PRÉPOSITIONS FIXES

Les prépositions forment souvent un ensemble avec le verbe. Elles sont alors appelées « prépositions fixes », car elles accompagnent de façon systématique le verbe et lui donnent son sens. Notez par exemple la différence entre **houden** *tenir* et **houden van** *aimer*.
Voici les verbes à préposition fixe rencontrés dans cet ouvrage :

beschikken over	disposer de
denken aan	penser à
doorgaan met	continuer à
doorverbinden met	passer la communication à (au téléphone)
gaan naar	aller à
houden van	aimer
kijken naar	regarder
komen uit	venir de
lijken op	ressembler à
luisteren naar	écouter
meegaan met	accompagner
ophouden met	arrêter de
passen bij	aller avec
praten met	parler avec

praten tegen	*parler à*
spreken met	*parler à*
trekken uit	*tirer de*
vinden van	*penser de*
vragen aan	*demander à*
wachten op	*attendre*
zeggen tegen	*dire à*

LES VERBES À PARTICULE SÉPARABLE

Ne confondez pas les particules séparables avec les prépositions (fixes). Souvenez-vous que la particule séparable se trouve, en règle générale, à la fin de la principale. Malgré le fait que la particule peut également se trouver devant un complément commençant par une préposition, il est plus sûr pour vous de placer la particule en fin de phrase :

mee**gaan met** *accompagner* :

Ga je niet mee met je vrienden / met je vrienden mee? *Tu n'accompagnes pas tes amis ?*

ophouden met *arrêter de* :
Hij houdt op met zijn studie / met zijn studie op *Il arrête ses études.*

door**verbinden met** *passer la communication à* :
Ze verbindt haar door met de dokter / met de dokter door *Elle lui passe le docteur.*

LA PLACE DU PARTICIPE PASSÉ DANS LES SUBORDONNÉES

Dans une subordonnée, l'ordre de l'auxiliaire et du participe passé en fin de proposition est variable : d'abord l'auxiliaire et ensuite le participe passé, ou l'inverse. Cela dépend de plusieurs facteurs : des facteurs géographiques, des préférences personnelles ou encore de l'accentuation de la phrase. On opte souvent pour l'ordre participe passé-auxiliaire en langage parlé, et pour l'ordre auxiliaire-participe passé en langage écrit. Toutefois, beaucoup de Néerlandais font plutôt intuitivement le choix pour l'un ou l'autre :

Zodra hij voor z'n examens was geslaagd / geslaagd was, heeft hij een treinticket geboekt *Dès qu'il a eu ses résultats d'examen, il a réservé un billet de train.*
Nadat ze hadden gegeten / gegeten hadden, zijn ze naar bed gegaan *Après avoir mangé, ils sont allés se coucher.*

L'ORDRE DES COMPLÉMENTS

Le complément direct est, en règle générale, placé après le complément de lieu s'il est indéfini, mais avant s'il est défini :
We gaan in de stad een nieuw horloge kopen *Nous irons en ville acheter une nouvelle montre.*
We gaan dat nieuwe horloge in de stad kopen *Nous irons acheter cette nouvelle montre en ville.*

Le complément de lieu suit le complément de temps et, lorsqu'on ajoute un complément de locomotion (manière/moyen), il est placé entre les deux :
We gaan dat nieuwe horloge morgen in de stad kopen *Demain, nous irons en ville acheter cette nouvelle montre.*
We gaan morgen met de auto naar de stad *Demain, nous irons en ville en voiture.*

Le complément d'objet second sans préposition se place devant le complément d'objet direct :
Kan je me het zout aangeven? *Peux-tu me passer le sel ?*

En revanche, le complément second avec préposition se place après le complément d'objet direct :
Hij heeft de koffers in de verhuiswagen gezet *Il a mis les valises dans le camion de déménagement.*
Ze wil nieuwe schoenen voor hem kopen *Elle veut lui acheter des chaussures neuves.*

Si les compléments d'objet direct et second sont des pronoms, le pronom non accentué se place devant le pronom accentué :
Zij heeft haar dat gegeven *Elle lui a donné cela.*
Ze heeft ze daar opgehangen *Elle les a accrochés là-bas.*

Par contre, dans le cas où il n'y a pas de différence d'accentuation, le pronom d'objet direct précède le pronom d'objet second :
Zij heeft het haar gegeven *Elle le lui a donné.*
Ze heeft het hem aangewezen *Elle le lui a montré.*

En cas de deux pronoms « identiques » (« **hem hem** », « **haar haar** », « **haar hem** », « **hem haar** »), le pronom d'objet direct est remplacé par **die** ou **dat** :
Ze heeft de jas aan Wim gegeven → Ze heeft hem die gegeven *Elle le lui a donné.*

LES CONJONCTIONS

→ Les conjonctions de coordination :

dus	donc
en	et
maar	mais
of	ou
want	car

→ Les conjonctions de subordination les plus fréquentes :

als	quand, lorsque ; si (condition)
dat	que
doordat	du fait que, comme
hoewel	bien que, quoique
nadat	après que
omdat	parce que
sinds	depuis que
terwijl	pendant que, tandis que (souvent traduit par un participe passé en français)
toen	quand, lorsque, alors que, comme
voor(dat)	avant que
wanneer	quand, lorsque ; si (condition)
zodat	de sorte que
zodra	dès que

N'oubliez pas que les conjonctions de subordination introduisent une subordonnée dans laquelle le verbe conjugué occupe la dernière place.

LA PROPOSITION RELATIVE

Les pronoms relatifs **die** et **dat** qui, que, sont utilisés lorsque le verbe de la relative n'est pas accompagné d'une préposition : **die** renvoie aux noms du genre commun et **dat** aux noms du genre neutre :
De man die je daar ziet ... L'homme que tu vois là-bas...
Het meisje dat daar staat ... La fille qui est là-bas...

Après les pronoms **iets** et **alles**, on utilise **wat** *(ce) que* :
Als er iets is wat ik voor je kan doen *S'il y a quelque chose que je peux faire pour toi.*
Dit is alles wat ik voor hem heb *C'est tout ce que j'ai pour lui.*

Lorsque le verbe de la relative est accompagné d'une préposition, on emploie la combinaison **waar** + préposition si on réfère à des objets :
De taxi waarmee je naar huis bent gegaan *Le taxi avec lequel tu es rentré.*
De stoel waarop je zit *La chaise sur laquelle tu es assis.*

Waar peut être accolé à la préposition ou en être séparé, ce qui est considéré comme plus léger :
De auto waarin de bazin het liefst rijdt /De auto waar de bazin het liefst in rijdt *La voiture dans laquelle la patronne préfère rouler.*

Lorsqu'on réfère à des personnes, il faut employer la combinaison préposition + **wie** :
De jongen met wie je sprak *Le garçon avec qui tu parlais.*
De vrouw aan wie ik dit wil geven *La femme à qui je veux donner ceci.*

Il arrive néanmoins régulièrement qu'en langage parlé on utilise l'adverbe pronominal relatif :
De jongen waarmee je sprak *Le garçon avec qui tu parlais.*

◆ FORMULER DES QUESTIONS
LES INTERROGATIFS

hoe?	*comment ?*
hoe veel? hoeveel?	*combien (de) ?*
waar?	*où ?*
waarheen? waarnaartoe?	*où ?* (avec déplacement)
waarom?	*pourquoi ?*
waarvandaan?	*d'où ?*
waarvoor?	*pour quelle raison ?*
wanneer?	*quand ?*
wat?	*que ?, qu'est-ce-que ?*
wat voor?	*quelle sorte de ?*
welk/e?	*quel/s, quelle/s, le/s/quel/s, laquelle, lesquelles ?*
wie?	*qui ?*

Les questions pour quantifier quelque chose commencent par **hoe** *comment*, suivi d'un adjectif :

hoe groot?	quelle surface ?
hoe laat?	à quelle heure ?
hoe lang?	depuis combien de temps ?
hoe oud?	quel âge ?
hoe ver?	à quelle distance ?
hoe zwaar?	quelle quantité ?, de quel poids ?

LA QUESTION INDIRECTE

La question indirecte peut se former avec :
• un interrogatif :
Weet jij waar hij vandaan komt? *Sais-tu d'où il vient ?*
Heb je haar gevraagd hoe laat het is? *Tu lui as demandé quelle heure il est ?*

• la conjonction **dat** *que* :
Weet je zeker dat je fiets hier stond? *Es-tu sûr que ton vélo se trouvait ici ?*

• la conjonction **of** *si* :
Weet u of Wim naar huis is gegaan? *Savez-vous si Wim est rentré ?*
Ik vraag me af of Wim thuis is *Je me demande si Wim est à la maison.*

LES PLURIELS IRRÉGULIERS

La plupart des noms d'origine latine, connaissent deux pluriels : un en **-a** et un en **-ums**.

centrum	*centre*	centra	centrums
museum	*musée*	musea	museums
datum	*date*	data	datums
stadium	*stade*	stadia	stadiums

Parfois, le pluriel connaît un **-i** de liaison, un changement de voyelle ou une terminaison en **-eren** :

NOM		PLURIEL IRRÉGULIER	PARTICULARITÉ DU PLURIEL
koe	*vache*	**koeien**	**-i** de liaison
vlo	*puce* (insecte)	**vlooien**	**-i** de liaison
bad	*bain*	**baden**	voyelle longue
dag	*jour*	**dagen**	voyelle longue
dak	*toit*	**daken**	voyelle longue
gat	*trou*	**gaten**	voyelle longue
glas	*verre*	**glazen**	voyelle longue
weg	*route, chemin*	**wegen**	voyelle longue
slot	*serrure*	**sloten**	voyelle longue
stad	*ville*	**steden**	changement de voyelle
schip	*navire, bateau*	**schepen**	changement de voyelle
ei	*œuf*	**eieren**	terminaison en **-eren**
goed	*marchandise*	**goederen**	terminaison en **-eren**
kalf	*veau*	**kalveren**	terminaison en **-eren**
kind	*enfant*	**kinderen**	terminaison en **-eren**
rund	*bœuf*	**runderen**	terminaison en **-eren**

Notez que les noms **het fruit** *les fruits* et **het nieuws** *les nouvelles* ne connaissent pas de pluriel.

LES ADJECTIFS

Tous les adjectifs de matière se terminent en **-en** et ils sont invariables :

NOM		ADJECTIF	
het goud	*l'or*	**gouden**	*en or*
het hout	*le bois*	**houten**	*en bois*
het ijzer	*le fer*	**ijzeren**	*en fer*
het papier	*le papier*	**papieren**	*en papier*
het staal	*l'acier*	**stalen**	*en acier*
de steen	*la pierre*	**stenen**	*en pierre*

Les adjectifs de couleur **roze** *rose* et **oranje** *orange* sont invariables.

→ Quelques adjectifs et leurs contraires :

arm	pauvre	rijk	riche
dun/mager	fin/e / maigre	dik	gros/se
heel	entier/-ère	stuk/kapot	cassé/e
hoog	haut/e	laag	bas/se
kort	court/e	lang	long/ue
langzaam	lent/e	snel/vlug	rapide
schoon	propre	vies/vuil	sale
smal	étroit/e	breed	large
sterk	fort/e	zwak	faible
zacht	doux/-ce	hard	dur/e
zoet	sucré/e	zout	salé/e

Le préfixe **on-** a une valeur négative et est souvent traduit par *in-*, *mal-* :
bekend *connu/e* → **on**bekend *inconnu/e* ; **belangrijk** *important/e* → **on**belangrijk *insignifiant/e* ; **gelukkig** *heureux/-se* → **on**gelukkig *malheureux/-se* ; **diep** *profond/e* → **on**diep *peu profond/e*.

LE COMPARATIF ET LE SUPERLATIF

Le comparatif se forme en ajoutant la terminaison **-er** à l'adjectif et le superlatif en ajoutant la terminaison **-st** :
zoet *sucré* → **zoeter** *plus sucré* → **zoetst** *le plus sucré*.
Le comparatif des adjectifs finissant par un **-r** se forme avec la terminaison **-der** :
mager *maigre* → **magerder** *plus maigre* → **magerst** *le plus maigre*.

Le comparatif et le superlatif peuvent être utilisés comme adjectif attribut ou épithète. Le premier est invariable et le dernier prend un **-e** sauf s'il est suivi d'un nom indéfini au singulier du genre neutre : **een smaller huis** *une maison plus étroite* mais **het smallere huis** *la maison plus étroite* ; **het smalste huis** *la maison la plus étroite*.
Retenez aussi les formes suivantes irrégulières :

dichtbij	(tout) près	dichterbij	dichtstbij
goed	bon	beter	best
graag	volontiers	liever	liefst
veel	beaucoup	meer	meest
weinig	peu (de)	minder	minst

Voici quelques exemples avec le comparatif et le superlatif de **weinig** :
Ze houdt het minst van die rode jurk *Elle aime le moins cette robe rouge.*
Deze wijn past minder bij die kaas dan die andere *Ce vin va moins avec ce fromage que l'autre.*
Dit is het minst leuke café van de stad *C'est le café le moins sympa de la ville.*

La combinaison **meest** + adjectif est la plupart du temps utilisée pour des adjectifs se terminant par **-s** ou **-st** ou par une suite de consonnes difficile à prononcer : **de meest geschikte kandidate** *la candidate la plus appropriée* ; **het meest precieze cijfer** *le chiffre le plus précis.*

Après une comparaison d'égalité, on utilise **als** *que* : **dezelfde trein als** *le même train que* ; **hetzelfde huis als** *la même maison que.*
Après une comparaison d'infériorité ou de supériorité, on utilise **dan** *que* : **minder groot dan** *moins grand que*, **groter dan** *plus grand que.*
Ne confondez pas **net zo ... als** *aussi ... que* et **niet zo ... als** *pas aussi ... que.*

● **VOCABULAIRE**
  LES PRÉPOSITIONS LES PLUS COURANTES

aan	*à*
achter	*derrière*
bij	*chez, (au)près de, à*
boven	*au-dessus de*
door	*à travers, par*
in	*dans, à*
langs	*le long de*
met	*avec*
na	*après*
naar	*vers, à*
naast	*à côté de*
om	*de, à, à (+ l'heure)*
onder	*sous*
op	*à, sur*
over	*dans, sur, de, et (+ l'heure)*
rond	*autour de*
te	*de*

tegen	contre
tegenover	en face de
tot	à, jusqu'à
tussen	entre
uit	de (provenance)
van	de
vanaf	à partir de
vanwege	à cause de
via	via, par
volgens	selon
voor	devant, pour, moins (+ l'heure)
zonder	sans

LES MOTS D'EMPRUNTS ET LES FAUX AMIS

La langue néerlandaise a fréquemment recours à des termes anglais dans le domaine de la technologie de l'information et de la communication, le sport, le marketing, le monde de l'entreprise ou encore l'enseignement supérieur. Le langage courant des jeunes est également empreint de mots anglais. Le nombre de mots empruntés au français, principalement du XIVe au XVIIIe siècle, est également très élevé, comme **beige** *beige*, **diner** *dîner*, **cadeau** *cadeau* et **paraplu** *parapluie*. Pour certains, l'orthographe a été adaptée, mais le sens est resté le même ; pour d'autres, il y a eu glissement de sens, d'où l'existence de faux amis, comme **raar** *bizarre*, **de bloes** *le chemisier / la chemise*, **de file** *l'embouteillage*, **het horloge** *la montre*, **het perron** *le quai* ou encore **de batterij** *la pile*.

Conception graphique et couverture : Sarah Boris
Ingénieur du son : Léonard Mule @ Studio du Poisson Barbu

© 2018, Assimil.
Dépôt légal : octobre 2022
N° d'édition : 4163
ISBN : 978-2-7005-0926-7
www.assimil.com

Imprimé en Roumanie par Tipografia Real